開運道しるべ

横須賀の人気占術家からあなたへ

ラッキーパーム主宰
遠藤晁正
Akimasa Endo

はじめに

現在、私は横須賀で〝手相・宿曜〟を中心に鑑定を行っている。ご相談に見えるのは、近隣の方々ばかりではない。遠方より、わざわざご相談に見える方々も少なくない。

そのような方々のために、私は存分に時間をかけて、納得されるまで一生懸命鑑定を行うようにしている。だから、2時間、3時間も当たり前である。そして、ご相談者が帰る時には、明るい気持ちになって、人生に希望を持ってもらえるようにいつも心がけている。

2、3年ほど前より、「先生の評判をうかがいました」といって出版社の方々がお見えになることもしばしばだった。私もまた、ずいぶん前から本を出したいと考えていたので、この機会に編集者の人と相談しながら、原稿をまとめてみようという気になった。

「恋愛」「夫婦」「嫁姑」「人生」「魂」などの項目は、以前から自分のホームページである〝ラッキーパーム〟で公開していたものであるが、意外と読まれて好評だったので、自分の十代からの生きざまを序章に加え、全体に加筆して本書出版の運びとなった。

人間、誰しもさまざまな悩みを抱えているものである。本書では、私の長い鑑定の中で、アドバイスをしてきた主な問題に対して、私の考えをありのままに記したつもりでいる。

特に事例は現実に相談を受けたものばかりである。
できるだけ多くの人たちに読んでもらい、〝人生の道しるべ〟として参考にしてもらえたらこれに勝る喜びはない。

平成二十五年九月吉日

著者

開運道しるべ　○もくじ

はじめに　3

序章　わが不思議な半生……13
不思議なおじさん　16
パン屋のおばさん　17
野沢牧場での４年間　19
警察官時代　26
不思議な縁での人生のはじまり　29
霊性開発　31
おろそかにしてはいけない供養の話　33
霊はわずかな縁を頼りに救いを求めてくる　33
死産した赤ちゃんの霊も生きている　35
かわいい妖怪現わる！　37

第1章　恋愛の秘訣術 …… 39
男と女の恋愛の違い　40
効果をあせるな！　42
恋愛は胸七分目　43
占い1　手相上の恋愛　46
占い2　タロット上の恋愛　46
占い3　手相、手の爪に現れる恋愛　47

第2章　夫婦円満の秘訣術 …… 49
夫婦の理念　50
結婚は胸八分目　51
夫婦を霊的因縁観点から観ると　54
深い業因縁で結ばれている夫婦の心構え　54
離婚の問題　55
占い1　手相上の夫婦関係　58

もくじ

占い2　タロット上の夫婦関係　58
占い3　宿曜占星術上の夫婦関係　59
「宿曜」占い　60
七曜生まれ　61

第3章　嫁と姑円満の秘訣術……63
嫁と姑は前世からの縁　64
嫁の立場——嫁としての役割は果たしておこう　65
姑の立場——姑は嫁を自分の娘と思え　67
結果はほとんど姑次第　70
占い1　二十七宿の宿曜占術上の嫁と姑の関係　70
占い2　タロット上の嫁と姑の関係　70

第4章　手相顕現過程と手相と人生……71
ピタリ開運手相術鑑定　72

手相顕現過程と手相と人生　74
地球波動と人間波動との関係　74
手相は過去世から継続されている　75
達成エネルギー線　76
マイナス思考、ネガティブ思考は手相に覇気がない　77
マスカケ線の人と半マスカケ線の人の異なる強運開運手相　77
あるヤクザの親分の手相　78
世界平和に心身捧げている高名な日本人霊覚者の実例手相　78
手相上の夫婦と健康　79
健康状態も手相にはありのままに現れる　80
第5章　よもやま鑑定事例……81
鑑定実例集　82
鑑定1　人間の本質は〝愛〟　83
鑑定2　手相は〝正直〟　84

もくじ

鑑定3　霊能者、霊媒者は自分をも浄める力もつけるべし　85
鑑定4　手相〝後悔先に立たず〟　88
鑑定5　〝玉の輿〟に乗った？　90
鑑定6　失望と歓喜を味わったケース　91
鑑定7　20代の妹と30代の姉の明暗旅行　92
鑑定8　霊は同じような〝波動〟を持つ人間に憑く　94
鑑定9　信じない者は救われない！　96
鑑定10　信じる者は救われる！　98
鑑定11　〝金太郎〟が誕生した　100
鑑定12　先祖が犯した怨念は子孫にまで祟る！　102
鑑定13　願望は叶えられる！　少女の夢が実現した　104
鑑定14　人間の本質は〝愛〟の続編――彼女はどう変わった？　105
鑑定15　人間、大事な事を決行する時は必ず〝時期〟がある　106
鑑定16　タロットは占者の集中力と読みがポイント　108
鑑定17　早く結婚するつもりが、先に仕事運に転化した　109

鑑定18　本当に感慨無量　111
鑑定19　「私の二の舞にならないように！」と本人に承認を得た事例　113
鑑定20　間違った宗教はご先祖を迷わせる　116

第6章　悔いなく前向きに人生を送ろう……119
目標を掲げて生きよう　120
自分の一生を描いて生きよう　121
失敗を恐れるな！　123
奉仕精神を忘れるな！　123
肉体に感謝！　124
実例からの教訓1　125
実例からの教訓2　129

第7章　人間の本質・魂の原点……131
「世界人類が平和でありますように」――神、宇宙、魂、人間　132

では、人間の本質は何か？　132
魂の本質は何か？　132
人間は、なぜ地球界に誕生してくるのか？　133
人間界に誕生できる事自体、とてもすごい〝徳〟なのだ　134
いかに努力をし、魂を輝かしたかが問われる　136
自分の運命は自分の想念で決定する　136
無知な人間が地球を汚染している　137
スランプに陥ったら原点に戻ろう　138
魂の進化向上には絶大な功徳になる平和の祈り　140

第8章　開運吉方位旅行……143
開運吉方位旅行とは　144
自分の星（本命星）を知ろう　145
九星と方位　146
九星本命星の各吉方位　149

主項目の祐気（吉方位）利用法 150
健康回復の方位術（疾病別） 152
吉方位旅行項目 153

序章

わが不思議な半生

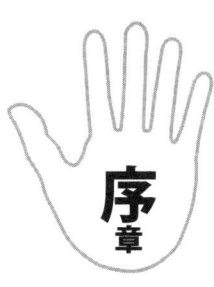

私の故郷は、2011年の東日本大震災で被災地となった宮城県の松島である。風光明媚な観光地と知られている松島だが、私の幼少時は戦後の混乱期で、誰もかれも厳しい生活の中、生き抜いていくのが精いっぱいだった。

母は、私が5歳の時、32歳で他界してしまった。そこで、学校に行きながら、家の手伝いや百姓仕事を毎日こなして、遊ぶ暇などまったくなかったのを覚えている。

私は中学を卒業し、「さあ、これから自由に働くことができるぞ」と思っていた。ところが、父の方針は「農業をみっちりやっていけば、どんな仕事でも勤まる。家で2年間働いていけ」と言われた。

当時、同級生のほとんどが「金の卵」として重宝がられ、東京へ集団就職していた時なのに、「自分は農業か。父の指示なので仕方がない」とあきらめ、それから百姓仕事や、土木作業員など、朝から晩まで奴隷のように働かされた。しかも小遣いは、僅かしか貰えなかった。

父との約束であった2年間の労働を終えると、私はちょうど17歳になっていた。早速、家を家出同然に飛び出し、列車で北海道へ向かった。行先は札幌である。

なぜ札幌かというと、ある図書館で偶然に見たグラビア写真の印象が強烈だったからだ。

憧れた札幌のポプラ並木（イメージ）

札幌にあるポプラ並木の雄大な美しさに魅せられ感動し、札幌に行ってみたいと密かに思っていたのだ。

地元の駅で、「ここから北海道へ行くのに一番近い駅のキップをください」と言うと、「函館ね」と駅員が怪訝な顔をしていたのを今でも想い出す。

青森から青函連絡船に乗り、４時間余りで函館に着いた。そこから札幌までのキップを買ったのだが、そのとき気づいたのは、サイフの中に現金がほとんどなくなっていたのだ。

けれども私は、「まあ、どうにかなるさ」とあまり気にならなかった。

不思議なおじさん

若さゆえか、函館駅からさらに2時間ほど電車に揺られながら、車窓から見られる美しい白樺並木に目を奪われていた。

すると森駅（イカ飯弁当で有名）から乗ってきた50代のおじさんが、私の前の座席に座った。私は車窓を眺めていたが、そのおじさんがときどき私を見ている。その時の私の服装は、野球帽をかぶり、ズック靴の軽装だった。

しばらくすると、「どこまで行くの？」と話しかけてきた。「うん、札幌まで」と答えた。「そうか……」と言って、そのおじさんは反対側の車窓を眺めている。そんな程度の会話をかわしただけで、特に印象は残っていない。20分ほどたっただろうか、おじさんは何かメモ書きした紙を差し出し、「帰りに寄りなさい」と言って私に手渡し、次の駅で下車してしまった。

私は、変なおじさんだなあと思いながらも、手渡されたそのメモを確認することなく、胸のポケットに入れたまま、次々と車窓に広がるビート畑、牧草、サイロ、高原の山並みに見とれていたが、各駅停車の鈍行列車で行ったので札幌に着いたときは薄暗くなっていた。一応、札幌駅の改札口を出たが、「これではポプラの並木は見れない」と思い、仕方なく待合室で一休みした。サイフの中を確認すると次の駅へ行くくらいの現金が残っていたのでキップを買い、再び列車に乗り帰途についた。そのときも、「どうにかなるか」と思い、不安はあまりなかったように思う。まったく気楽な人間だったのだ。

車中の翌朝、ふと、あのおじさんからもらったメモ書きを思い出し、何が書かれているのか確かめてみた。そこには、どうも石屋さんらしい屋号と住所が書かれていた。私はそれを見て、お金も底をついたので、その石屋さんで働かせてもらおうと思い、メモの住所を頼って行くことにしたのだった。

パン屋のおばさん

謎のおじさんが乗車してきた森駅に着いた。お金もなかったので、人目を避けて、線路脇の金網をくぐって表に出た。

駅前では、あちらこちらにドラム缶でたき火をして暖まっている人たちがいた。その一つの人の輪にもぐり込んで暖を取りながら、住所の道を尋ねてみると、それほど遠くではないようだ。そこに40分ぐらいいただろうか、そろそろと思い石屋さんに向かって歩き出した。

昨日から水のみで、何も食べていないわりには意外と足取りは軽い。ずいぶん長い坂道を上りきったところが十字路になっていた。まっすぐこの坂を下って行けば、もうすぐその石屋さんにたどり着くはずだった。

私はなぜかわからないが、その十字路で立ち止まり、左角のパン屋に目が釘付けになってしまった。ここでもう一度道を確かめようと思って声をかけてみたのだった。すると、人の良さそうな中年のおばさんが出てきて、「もうすぐそこだよ」と教えてくれ、「でもあんた、どこから来たんだい」と聞くので、松島だと正直に答えると、「あら、私も宮城県の登米なのよ。まあ、ちょっと家によってパンでも食べていきな」と言うのだ。昨日から何も食べていないので〝地獄に仏〟とはこのことかと思うほどありがたかった。

店の中に入れてもらい、もらったパンをほおばりながら、そのおばさんの質問に答えていると、「あんたの実家が農家なら農業もできるんだね。私の家のすぐ裏にある開拓農協の専務の野沢さんが働き手を探しているのだよ。すぐ呼んでくるね」と言って出て行ってしまった。

私は、どうしたものかとパンを食べながら考えていると、その野沢さんを連れておばさんが戻ってきてしまった。野沢さんは、私にいろいろな質問をするので、それに「うん、うん」と頷いているうちに、「それじゃ、すぐ牧場で働いてもらう」ということに決まってしまったわけである。結局、目指していた石屋さんには行くことなく、野沢さんの牧場にそのまま連れて行かれたのだった。

野沢牧場での4年間

野沢さんの車で20分、車から降りて駒ケ岳火山の麓の広大な牧場を目の前にして、なんとも言えない気持ちになったことを覚えている。ここから、私の本当の人生が始まったのである。

この牧場で酪農の仕事をはじめて数日後、野沢さんの好意で地元の定時制高校に通うことになった私は、中学卒業後に、柄にもなく勉強をしたくてウズウズしていたので、本当にうれしかったのだ。それから一生懸命働き、高校で学ぶ、めまぐるしい生活が始まった。

やっと酪農の仕事に慣れてきた18歳の時、仕事に厳しかった父から手紙が来た。珍しいことであった。その手紙には「人に使われるより、人を使う方がもっと大変なのだ」とか「人間一寸先は闇だ。だから健康には気をつけろ」というようなことが書かれていた。

ところが、その手紙を受け取った一週間後に「父死す、すぐ来い」という電報が実家から届いた。本当に驚いた。事故で亡くなったとのことだったが、まだ43歳の働き盛りだった。父の言うとおりに〝人間の命は一寸先は闇〟なんだと本当に思った。

駒ヶ岳火山（イメージ）

それから4年間、さまざまことを体験して、自分の新しい能力を発見するのであるが、その話は別の機会で詳しく述べることにしたいと思う。

私の新しい生活の拠点である牧場は、当時、函館から列車で2時間余り、内浦湾の海を仰ぐラクダのコブ2つに似せた雄大な駒ケ岳火山の麓。戦後、樺太からの引揚者たちだけの30戸の開拓部落だ。各家では、皆、乳牛数頭を飼っている酪農家である。

　過去世から縁があったのか、この牧場で働きながら定時制高校へ通った4年間は、言い尽くせぬ想いでいっぱいである。

　まず、私をよく可愛がってくれた開拓農協の専務であり、野沢家のご主人・野沢富造さんを紹介しよう。当時43歳前後。長身で鼻の高いなかなかの好男子。若い頃は女性に大変もてたようだ。達筆で頭の回転は早く、話上手。部落の寄り合いや、会議などではいつも中心的役割を担っていた。

　30戸世帯の部落の中でもいつも先見性をもち、電話、テレビ、車、そして乳牛のエサを切る草切り発動機などを揃えるのは、部落でいつも一番先だった。その発動機を馬車に乗せ、各酪農家を回り、時間制で金を稼いでいたのは私だった。

野沢牧場の野沢富造さん

　朝5時頃から夕5時まで働き、それから夜間学校へ通った。夜、学校から帰宅して、また牛の乳搾りで10時頃まで仕事だった。当時、乳搾り機などまだなかったので、一日、朝晩と2回、手で搾っていたものだ。栽培していたスイカやイチゴはよく食べた。馬乗りも上手くなった。部落の仲間、青年たちとも皆、仲良くやっていた。休日はほとんどなく、月1000円の小遣いだったが、働くこと自体、全く苦にならなかった。定時制高校に行かせてもらっているのが、私にとっては本当にありがたかったのだ。

高校での思い出はありすぎて話は尽きない。勉強したくてウズウズしていたので、学校の授業では、先生の話は聞き逃すまいと真剣に勉強した。家に帰っても、メモしたものを馬車に乗りながら暗記した。熱中しすぎて馬車から転げ落ち、馬車に引かれそうになったこともあった。だから、野沢さんの奥さんから、「どうして、そんなに勉強するの?」と、不思議がられた事もあった。まるで現代版の二宮尊徳か?

そのお陰か、自分で言うのもおこがましいが、成績はいつもトップクラスに入っていた(卒業時には、仕事と共に学業を両立させ優秀な成績を残したとして表彰された。クラス

野沢牧場の仲間たち(左上が著者)

約40名中2名のみだった）。

担任の先生から「遠藤は土から生まれたような顔をしているな」とよく言われた。皮膚が弱くて北海道の厳しい寒さに黒く焼けてしまったのだ。でも、自分は全く気にしなかった。

演劇の仲間たち（上左、帽子をかぶっている著者）

上野駅から青森駅間の車掌をしていた叔父（すでに故人）から、当時、全国的に多く読まれていた人気月刊誌を送ってもらった。その雑誌にあった「随筆原稿募集」に応募したところ、入選してしまった。写真付きだったので、町内でも少し話題になってしまったのだ。

これを知った国語の先生が「遠藤、今、読売新聞で懸賞小説を募集している。俺と一緒に応募してみないか、入選すると新聞1面に載って、20000円ももらえるぞ」と、誘ってきた。ちょっと無理かなと思ったが、先生からの話なので応諾した。

ところが1週間後、先生から、「その話はなかった

東京へ向かう列車に乗り込む著者

ことにしてくれ」と言ってきた。なぜですかと聞くと、「もし俺が落ちて、生徒のお前が入選したら俺はえらい恥をかくではないか」と言ってきたのだ。「今さらなんですか、先生、大丈夫ですよ」と言って励まし、2人で小説を応募した。

それから1ヶ月が経った。なんと先生が入選したのだ。「イヤー、驚いた」と言ったら、先生は苦笑いをしていた。なにせ新聞1面に写真付きで小説が載ったのだからすごいことである。

それからが大変だった。森町内中が話題になり、森高定時制の名がよく知られるようになってしまったのだ。折角だからと、演劇をやろうということになった。そして、私らスタッフが上演したらこれがまた当ったのだ。感激する思い出である。また、在学中に、学校新聞の編集をしている者から「何でもいいから書いてくれ」と頼まれたので、6、7人いた担当先生の長所、短所、性格など、個性をズケズケ書いて、学校新聞に載せた時は、学校中で評判となり、「面白い」と愉快な話題になった。「いったい誰が書いたんだ!」と犯人探しをする先生もいた。

ここで忘れられない出来事がある。同級生に「伊藤」という男がいた。細身で眼鏡をかけ、活発で如才のない人柄だった。北海道定時制高校の卓球大会へ出場に向けて、彼とは代表の座を争った仲である。その彼が、高校を元気に卒業したのに、一週間後、急死してしまったのだ。よくわからない難病だったようだ。人生はこれからだ、という時に。本人や家族は残念でならなかっただろう。人の命ははかないものだ。

それから15年ほど経ったある夜、夢に彼が現われたのだ。私は思わず、「伊藤か、オマエ、死んだんだよな？」と、言うと、微かに頷いた。そして、ジーッと私を見つめている。その間、数十秒だったが、何かを話そうとするのだが、話せないという様子で、スーッと消えていった。何かを訴えたかったのだろう。当時の学生の姿そのままの格好だったので、あの世でまだ、迷っているようだ。今度、あらためて供養しなければと思っている。

思い出は尽きない。もっといろいろあるが一応このへんにしておく。

牧場の野沢さん宅で、家族同様にしてもらい数年間暮らすことができたが、仕事、勉強にしても、〝与えられた環境で、精一杯努力、精進していると、必ず自分にそれ相応の実力がついてくるものである〟ということがわかった。

さて、振り返ってみると、電車の中での不思議なおじさん、優しくしてくれたパン屋のおばさん、すぐ信頼して雇ってくれた開拓農協の野沢さん……この人たちとはまったくの赤の他人さんである。それが何の縁だか、まったく摩訶不思議な話である。これは守護霊さんの導きであったのだろうか。感謝である。

警察官時代

高校卒業後は、第二の人生として合格した警視庁警察官となるべく東京へ向かった。北海道警察にも合格したのだが、警視庁の警察官になった動機は、「大学とはどういう学問を教えるのか。是非知っておきたい」という純粋なる気持ちだった。それには、やはり東京が一番いいだろうと思ったからだ。

その年から1年間、警察学校で何万円という給料をもらいながら警察官としての訓練と勉学に励んだ。野沢さん宅で月千円の小遣いで、寝る時間も少なく働いていたせいもあってか、自分にとって警察学校での生活は、まるで天国だった。同期で入学した者が訓練と勉強のハードな生活に着いていけないと途中で脱落していく人も結構いたが、本当にもったいないと思ったものだ。

警察学校を卒業した翌年、足立区の西新井警察署に配属され、大学にもすぐ入学できた。ここで私は、人生について否応なしに考えさせられることになる。当署管内は、下町の雰囲気が強く、いろいろな事件が多発し、忙しかった。さらに街の端を広い荒川が流れていて、そこからよく水死体が浮かび、当警察署に運び込まれていた。水死、事故死、変死、自殺などの人の死体をよく見るにつけ、人間のはかなさを思い知った。睡眠薬自殺の特異な死にかたもあった。日々、人間の怖さと驚きの出来事を見せられ、まだ若かった私は、深く考えさせられてしまった。

交番勤務時代の著者

例えばこんな事があった。赴任して2年目のことである。東武線五反野駅近くの末広交番で勤務中、真夜中の午前2時ごろに本署から電話連絡があった。

「今、遠藤君の管轄内で鉄道人身事故が発生した。ちょっと現場に行ってみてくれ。もし事故が起きていれば、周辺をできるだけ整理しておくように」との事だった。

交番には自分1人だけである。「まったく！」と思いながら自転車で5、6分にある現場に到着した。すぐに現場を見て驚いた。人が電車に轢かれ、身体がバラバラになっているではないか。周りは田んぼ一面、誰もいない。自分1人だけである。

〝整理しておくように〟という本署からの指示が脳裏をよぎる。怖いながら線路上に散らばっている手、足、胴体を線路脇の小道に揃え、そして最後に頭を手に取った時、「あっ」と思った。顔に見覚えがある。末広交番に時折来て、たわいのない話をしていく、あの若者に似ているではないか。

その時、近くの踏切を渡ろうとした人が、こちらに近づいて来た。線路上で警官が何をしているのかと思ったのだろう。ちらっと見て、途中で「ワァ〜！」と声をあげ、逃げて行った。無理もない。ちょうど頭を持って顔をよく見ていた時なのだ。私はと言えば、仕事とはいえ、震えを通り越し、何も感じない自分がいるではないか。

そんな事故があって10日ほど経った頃、交番に20代の青年が入って来た。よく見たら、なんと数日前近くの線路で轢死したと思ったあの若者だ！　幽霊か！

「あれ、あんた、このあいだ死んだんじゃなかった」と、私は思わず叫んでしまった。

若者はキョトンとして「お巡りさん、変なこと言わないでよ」と。でも、よかった。

では、自殺したあの若者は誰なのか？　あとで冷静になってみると、人間の身体も、血が全部出てバラバラになるとふつうの物体と同じになるのだ。人も、宇宙から見て、生かされているあらゆる生物と同様であるとあらためて知らされた。

このように、あっけなく死んでしまう人間だが、もっと強くたくましく生きられないのか。宇宙の、自然の真理に沿った生き方であれば、もっと安らかに生きられるのではないかと、深く考えるようになった。そして、自分の人生観が変わっていくのを感じていた。

不思議な縁での人生のはじまり

若い頃から、私には多少、霊的な能力があったように思う。ただ、その頃は、仕事と学校の日常生活に追われて、あまり霊的なことを気にしたことはなかった。その後、自分の意識を大きく変えることになるのは、20代後半になってからである。

仕事の合間に山や海、高原などの大自然に惹かれて1人でよく旅に出たり、本格的なヨガの実践に没頭してみたり、世界人類平和の祈りに集中したり、先祖のご供養をできる限り行ったり、霊界に関するさまざまなことに深く集中することによって、若い頃からの霊性が自然と開発されていったのである。

そして、本格的に霊性が目覚めてくると、いろいろと不思議な体験をさせられるようになるのである。魂が肉体から抜け出て、周辺の町や山の方まで浮遊して楽しむこともできるようになった。田舎で中学校に通った線路沿いを懐かしく浮遊してみたり、チョンマゲ時代にタイムスリップしたり、妖怪のようなものを見せられたりすることもある。

また、よく霊が身近に現れたりするようになるものだ。とくに近親者の霊はよく現れるようになった。

予知能力というものがある。これは発揮しようと思ってもなかなか難しいのだが、これから起こる世界情勢などを予見的に夢に見せられることがある。とくに印象深いのは、アメリカで起きた「9・11」の世界貿易センタービルの同時多発テロ事件だろう。事件の起きる2日前に見た夢で、大きな高いビルの上方に、飛行機が〝プシュ〟という轟音で突っ込み、ビルが崩れ落ち、地上では消防車がいっぱい集まっていた場面を見せられた。

夢から覚めた翌日、「どうも日本じゃないようだよ」と、家内に見たままをはっきり話している。不思議と確信できたのは、テレビで事件の実況放送を見ていると、最初のビルがやられて、後からやられるビルから命からがら逃げてきた女性がインタビューに答え、飛行機がビルに突っ込む音を〝プシュ〟と言っていたのである。「バーン」ではなかった。

霊性開発

今では、これらの現象はだいぶコントロールできるようになったが、私が体験した霊的現象は決して良いことだとは思っていない。一歩間違えれば、身の危険さえあるのだ。それを避けるためには、良識ある心構えと、正しい霊力を身につけなければならないのである。このような体験からわかったことは、人間の本質は魂であり、魂は微妙な波動で、素晴らしい直観力を持っているということだ。

与えられた環境の中で、自然を愛し、奉仕精神も兼ね合わせて努力、精進して生きていけば、その人に合った霊性が開発されるということなのである。

現在、私は鑑定の仕事をしているが、これら霊的なことは、いつも真摯なる気持ちで対応させてもらっている。できる限り多くの人たちのためになるよう、霊的な側面からアドバイスをおこなっているのである。

本書では、読者の方々が道を間違えず、真っすぐに幸せの道を歩めるよう、私なりの霊的なアドバイスを書いたつもりである。そして、みなさん一人ひとりがより良い人生を歩めるように〝開運道しるべ〟と題したのである。

おろそかにしてはいけない供養の話

私は、年に1回、9月から10月にかけて、ご先祖様のご供養をしている。このご供養は、25年続いている。この間に私の所に亡くなった近親者をはじめ、いろいろな霊たちが現れている。

霊といっても、その現れ方はさまざまで、ただ現れて、何も語らず、ただジーッとこちらを見つめ、何かを訴えている霊や、「きちんと供養してくれ」と訴えてくる霊、今の近況を語りはじめる霊などである。これらのうちから、とくに印象に残っている子供たちの霊を3例紹介することにする。

霊はわずかな縁を頼りに救いを求めてくる

私たち一家が、川崎の登戸に住んでいた頃の話である。ある年の供養をする前日の晩、寝室の片隅に3、4歳くらいの男の子が両手を胸の前でモジモジさせながら立っていた。

「どうしたの？　あんた誰？」と声をかけると、頭をうつむき加減にしながら「ヒロカズ兄さん」と、2度ほど呟いた。

「何で死んだの？」と聞くと、「イをこわして、こわして」と悲しそうな顔をする、とその時、私の右横にまっ白いおくるみに包まれた赤ん坊が出現した。この赤ん坊も男の子に縁があるようだ。男の子はジーッと赤ん坊を見つめていたが、何を思ったかいきなり手を伸ばそうとしたのだ。私はとっさに左手で「ダメ、ダメ！」とさえぎったが、グググッと腕が吸い込まれそうな強い刺激を受けた。それでもどうにか引き止めた。

供養前日のこともあり、「明日、きちんと供養するからね。大丈夫だよ」と言うと、本当にうれしそうに消えていった。おくるみの赤ん坊もいつの間にか消えていた。

翌朝、妻に身内の子供か聞いてみたが、そのような子供はまったく覚えがないと言う。でも「ヒロカズ」という人は妻の姻戚関係（妻の姉の夫の従兄弟）にいた。その当人が最近、近所に引っ越してきたという。それで、電話で当人に聞いたところ、彼「ヒロカズ」には、弟がいたが、1歳ごろに冷たい牛乳を飲み過ぎて、消化不良で胃を壊し亡くなったという。墓は和歌山県の実家にあるのだそうだ。

彼の話では、供養はよくされていない様子で、よほど寂しかったのだろう。しかし、どうして私の所に現れたのか。まず自分の名前を言ってもわからないと思い、生きている兄の名前を告げたのだ。その前に、兄のヒロカズ君を私の近所に移転させ（当人は大学時代に通った登戸は、あまり好きになれない所で、なぜ登戸に引っ越してきたのか自分でもわからないといっている）、引っ越し後に母親をよこして、私の家に挨拶に来た。その時にでも魂が来たのかもしれない。

それから1年後、私が予定していた供養の2日前に、子供は、また現われた。

「僕、善い所に行っているよ。ありがとう」と血色のよい丸顔の本人が、ニコニコしながらお礼を言いに来た。

このように、子供の霊でもわずかな縁を頼って巧妙に現れるのだから、誠意を持って供養をしたいものだ。

死産した赤ちゃんの霊も生きている

年に1回の供養の2日前、早朝3時頃、台所付近が騒々しいので目が覚めた。よく見ると、中年の女性たち、5、6人が嬉しそうに話し合いながら台所を掃除してくれている。供養の日を楽しみにしている人たちのようだ。ふと気がつくと、自分の枕元に6、7歳くらいの男の子が立っているではないか。

「あれ、どこから来たの？」と聞くと、「イチガヤから……」と言う。

「何で死んだの？」と聞くと、「風呂で体を洗ってもらって……」などとわけのわからないことを言い、何度聞いても同じことを言う。とにかく供養してほしくて現れたのは事実のようなので、「間違いなくちゃんと供養するからね」と諭すと、私の言葉にうなづきながら、何度も何度も後ろを振り向き、嬉しそうに消えていった。霊といっても、何ら人間の子供と変わりがない。

翌朝、どう考えても自分の親戚に子供の死者はいない。妻に聞いても、子供で亡くなった該当する者はいないとの返事だったが、しばらく考えていた妻は、「中央線の市ヶ谷に実家のお墓があるけど」と言う。両親はすでに亡くなっているので、90歳になる母の姉である伯母に尋ねてみた。

「ああ、それは律子（妻）の兄だ。逆子で苦しみ、死産した赤ん坊だったんだよ」

さらに、その時のことをよく覚えていて、「死産した赤ん坊が可哀想なので、私がお風呂で体をきれいに洗ってやったんだ。可愛い男の子だったよ」と、伯母は涙ぐんで話してくれた。

この伯母の話ですべての謎が解けた。妻もまったく知らないことだった。誰にも思いをかけてもらうことなく、お墓でさびしくしていたのだろう。翌日、市ヶ谷のお墓に参って、お坊さんに供養をお願いした。

死産であっても霊は成長し、人間界の私たちをよく見ているものだ。人間として元気に生まれていれば、その子は私と同じ年齢だったのだ。

かわいい妖怪現わる！

7、8年前のことである。真夏の7月下旬の朝7時頃、もうすっかり明るくなり、家内は台所でトントンと包丁の音を響かせながら朝食の準備中であった。

そろそろ起きようかと思っている時、仰向けで寝ている右側から、何かしらが近寄る気配を感じる。間違いなく〝霊〟が現れる緊張感が漂う。

実は、ここ3日前から毎夜、寝ている私の体を右側から踏みつけ渡って行き、その帰りも踏みつけながら乗り越えて行く霊がいるのはわかっていた。まったく本当に失礼な奴だ、と思っていた時なので、「それ来た！」と思い、そのまま寝た振りをしていた。

すると霊は、その日は私の体の中央（臍の上）を踏みつけたまま立ち止まっているではないか。「まったく」とつぶやきながら、私は目を徐々に開け、霊の足元に視線を向けた。足は子供のようだ。段々視線を上げると、スカートを履いて、かわいい洋服が見える。女の子かと思ったら、首から上の顔は、なんと〝熊〟の子供なのだ。ビックリした。

その熊の子も体の上で私の顔をジーッと見ているではないか。目と目が合った瞬間、「○と○○だー」と訳のわからないことを言いながら、走って戻って行ったではないか。

テレビのアニメの声そっくりだった。何で私のところに現れたのかわからない。ただ、不思議なことにそのかわいい妖怪？　が現れた直後から、ご無沙汰していた友人2人から電話で連絡があったのと、仕事が上向きになっていったのを記憶している。

「妖怪」といえば、怖いオバケのイメージも湧くが、決してそうではない。誰でも知っている「カッパ」や漫画でよく読まれ、人気のある「ゲゲゲの鬼太郎」も妖怪の一種である。〝座敷《ざしき》わらし〟も善い妖怪ではないか。実際に一度、この〝座敷わらし〟も、私が登戸に住んでいた頃、台所に現れたことがある。

第1章

恋愛の秘訣術

男と女の恋愛の違い

元来、男性は能動的である。しかし近年の男性は、恋愛でも女にフラれるのが怖くて、告白、アタックもできない人もいるという。まったく男の勇気に欠けている。最近の「合コン」では、男性が女性から声をかけられるの待っている姿がよく見受けられるという。それではダメなのだ。

まず、女に惚れたらキメ細かい優しさで積極的にアタックすることだ。断わられる事を恐れるな！　フラレることを恥じるな！　ダメでもともと、それで良し。

基本的には、女はよく気が付くマメでやさしい男には弱いので、細やかな気づかいと徹底した心優しさで、本気で接する事。心はいつかは通じるものである。

男が女から好感をもたれるタイプというものは、

①仕事に一生懸命である
②真面目
③誠実である
③爽やかで清潔感がある

④センスがある
⑤責任感が強い
⑥包容力があり優しい
⑦信念があり将来に目標を持っている
などである。
逆に、男が女に嫌われる点を挙げると、
①優柔不断
②意思がハッキリしない
③頼りない、情けない
④根性がない
⑤威張る
⑥気障《きざ》っぽい
⑦ケチ
⑧イヤらしい
⑨言い訳をして責任感が薄い

⑩ 上司にペコペコしている

などである。

一方、女性は受動的である。男に惚れたら、好きになったら、その男をいかに自分に気を向けさせるか、自分に惚れさせるかの知恵を絞る事がポイント。それが気づかいの優しさであれ、真心からの態度で現わす愛情表現であれ、容姿のチャーム・ポイントのアピールであれ、自分の得意な女らしさを強調するべきである。

効果をあせるな！

女性の場合、自分の魅力を発揮するのは〝自然体〟で行うことが大事である。

相手の男性に「俺に気があるのかな？」と思わせるくらいが、最初はちょうど良い。次に、女性ならではの繊細な気づかい面を印象付ける事だ。徐々によく気がつく、優しい女性として理解してもらえるよう努力する事を怠ってはいけない。

また、相手の男心をまったく掴めないうちに、いきなりの〝告白〟は、逆に裏目に出ることがあるので慎重にすること。焦ってはならない。

男性の心をとらえるには、

①気づかいがあり、優しく温和的。控えめな化粧
②明るく清々しい。夢があり、メルヘン的一面がある
③チヨッとかわいくなるしぐさを研究し、かわいさを強調する
④プロポーションに自信がないなら真剣にシェイプアップをしよう

恋愛は胸七分目

よく食事は腹八分目というが〝恋愛は胸七分目〟だ。

交際当初から自分をすべて曝《さら》け出すのではなく、胸七分目の心、性格、行動でお付き合いする事である。相手の男性に「この女性の本性はどんな人間なんだろう」と思わせるくらいの〝胸三分目〟の気持ちの余裕を残して交際しよう。

肉体関係も簡単に許さない（最近の若い女性は簡単に肉体関係に入り、尻が軽い）。女

の性格、体のすべてを知ると、この程度の女か、と逆に熱が冷め、他の女に目が行く移り気な男もいることを知るべきである。

女が男に嫌われる点を挙げると、

①自分の容姿を鼻にかけている
②冷たく表情がない
③理屈っぽい
④現実的過ぎて夢がない
⑤暗い
⑥疑い深い
⑦意地が悪い
⑧人によって態度が変わる
⑨人の悪口を言う

などである。

そして、よく女が男にフラれるケースを挙げると、女たらしのプレイボーイに引っかかる女性がある。また、好きになった男には金を貢ぎ、体を捧げ、男の要求をすべて受け入れ言うなりになっている女性で、挙句には飽きられ捨てられてしまう。さらに自分では、要求を呑まないと嫌われ、男が自分から去ってしまうと思っているのだ。

もう一つのケースは、それよりのめり込まなくとも、恋人欲しさから軽く肉体関係を許し遊ばれ、最後には軽《かろ》んじられ、フラれてしまうというものだ。だいたい男は、浮気性であり、望みのセックスを簡単に許すようではダメである。

相手の言いなりになるのは、自分に自信がないからだ。金や厚化粧、着飾りだけの外面だけでは男を真から惹けつけられない。もっと信念を持ち、教養、知識、センスを高め、磨き、人間性、女性的魅力を内面から増す努力をして、自分に自信をつけることだ。実際に、私の鑑定事例を見ればよくわかるだろう。

占い1　手相上の恋愛（よもやま鑑定事例2、4参照）

手相の恋愛線は、主に15歳から22歳くらいの思春期に、生命線を湾曲に横切る線として出現するが、他に感情線にも恋愛線が出るときがある。

線の形によって、片想い、フラれたショックの障害線、また、両想いなのか、交際までいったのか、深い関係まで発展したのか、が手相で予想できる。

手相で顕著なのは、1対1の交際のつもりが、自分が気づかないうちに相手が別な異性にも恋心を抱いているケースである。心で二股をかけているのである。それが手相に出るのだ。

占い2　タロット上の恋愛（よもやま鑑定事例16参照）

タロットは恋愛の生命で、女性には抜群の人気がある。

タロットで好きな異性がいつ頃できるか、その恋が実るか、実らないか、〝ラブチャンス恋愛運〟がダントツの人気ナンバーワンである。

相手が自分に関心があるか、ないか、他の異性に心を向いているか、向いてないかなど、相手の心理を観るにはタロットが最適だ。

また、タロットで交際していた男性の本音を知り、別れてよかったなどの事例もある。
タロットは占者の集中力と読みがキーポイントになる。

占い3　手相、手の爪に現れる恋愛

手の爪の白い斑点上に現れる恋愛

顕著なのは、手の親指の爪に出る白い斑点である。意外と爪に出現する白い斑点の的中率が高いのだ。この白い斑点が右手なのか、左手なのか。白い斑点が大きいか、小さいか。そして、その斑点の位置が爪の真ん中なのか、端なのか。斑点が濃いか、薄いかで恋愛の強弱、いつ頃、どんな異性が出現するか、秘密にしたくなる人か、そうでない人かなど、おおよそ予想できる。

斑点は出現して徐々に上昇し、80日前後くらいで消失していく。異性出現の時期は、斑点が出た時点には既に現れているか、斑点が現れてから遅くとも20日前後くらいまでには現れる確率が高い。

薬指の爪に出る白い斑点は、結婚か、恋愛密度の濃い時に出現する。

また、親指の爪に出る黒い斑点は、トラブルなどが起きる前兆か、イライラ、怒りなどで心が乱れている時なので要注意である。

第2章

夫婦円満の秘訣術

夫婦の理念

夫婦とは、「各々の役割を自覚し、互いに補《おぎな》い、扶《たす》け合い、赦《ゆる》し合い、協調精神で生計を共にする夫と妻のこと」である。

夫婦の性格、価値観が異なることは当然で、夫婦の理念である〝相補う〟という〝協調精神〟を養い、夫婦生活とはその〝場〟でもあるのだ。

夫婦の基本は、認め合い、協力し合い、思いやり優しさの精神、気配りの精神、気遣いの精神である。蟠《わだかま》りのない、何事も気兼ねなく、自由に話し合え、何かを夫（妻）にしてもらったら〝ありがとう〟の一言を軽く言えるくらいの夫婦になろう。これが自然体での感謝の〝真心〟である。

仲の良い夫婦の特徴は、2人だけの喜び楽しみを持ち、自然に相手を受け入れ、協力し合い、生きる喜びを見出し、自然と心が通じ合っている事である。

このような夫婦を見習うべきだろう。

結婚は胸八分目

食事は「腹八分目」と言い、恋愛は「胸七分目（「恋愛の秘訣術」参照）」。そして、結婚は「胸八分目」が理想だろう。

結婚後は夫婦生活、家庭生活、子供の教育の維持に専念するのは当然である。残りの二分目は自分の趣味、楽しみに使う事だ。車のハンドルに遊びがあり、機械には油が必要なように、人間にも気心のおける人との交友や遊びと、人生には潤いが必要である。

目一杯の生活ではなく、いつも心身に余裕を持ちながら人生を送ろう。残りの二分目にも夫婦の理解と協力の扶け合いはもちろんである。

経済的に余裕がない人は、胸九分目で家庭の維持に専念する事である。その時こそ、夫婦の絆は、〝心〟〝精神〟が最も重要である。

夫婦円満の秘訣は、「セックスが一番」のようなマスコミの記事も見受けるが、確かにこれも大事だろう。しかし夫婦間の信頼がなくなってくると、夜の生活の意欲も減退していくのが自然だろう。

事実、信頼関係がほぼなくなったある夫婦は、セックスレスが6、7年間も続いており、とくに妻は夫から肌を触られただけでも鳥肌が立つという。そのために寝床の部屋は別々で、家庭内別居の状態である。子供のために離婚しないでいるだけである。夫婦の信頼度はやはり〝精神的絆〟が一番である。

それには日常生活の協力的な気遣いと、思いやりの積み重ねだ。〝肉体的絆〟の意欲はその上で自然と湧いてくるものである。

時には夫婦ゲンカもあるだろう。その時は、その場限りにして、その後はケロッとしている事である。後々に禍根《かこん》を残さないようにすることだ。夫は、妻よりももっと心遣いが必要になる。

熟年離婚の多くは、夫の妻に対する長年の気遣い、配慮の足りなさから妻に不満が溜まり、離婚を突きつけられるケースが多い（少ないが逆の例外もある）。この点、夫は意識的に妻に対して愛情表現をする努力を必要とする。

一家の収入源を稼いでいる夫は、子供の教育にも参加しているのである。よく「うちの夫は家に帰ってきてもあまり子供の面倒を見ない」と不満を抱いている主婦がいるが、それは思い違いをしている。専業主婦の場合、夫が稼いでいる収入で子供と妻を養っているので、夫も子供の教育にも参加しているのと同じなのだ。

この点、妻も子供の教育は自分の役割と割り切り、夫を責めるのは控えよう。常に子供に接し教育する事により、子供と共に母親も人間的成長の恩恵に浴し、男性（夫）にはできない女性（妻）の特権だと言えるのではないか。

もちろん、夫も疲れていない時、手が空いている時などは、できるだけ子供と共に遊ぶなど、子供の教育にも協力すべきである。自分の子供なのだ。夫婦共稼ぎ家庭の子供の教育は、両方に平等の義務がある。

夫婦の状況の姿が、その家の家庭環境である。大黒柱を中心として、夫婦は日常生活では注意しなければならない。その言動が良くも悪くも、その家の家庭環境を作り、その影響が子供の教育にも大きく及ぼしているのだ。〝子は親の鏡〟は事実である。いかに夫婦円満が家庭に大切かわかる。

夫婦を霊的因縁観点から観ると

魂の善因縁《ぜんいんねん》で結ばれている夫婦と、どうしても今生《こんじょう》で消さなければならない魂の業因縁《ごういんねん》で結ばれている夫婦と、大きく二つに分けられる。

善因縁の場合は、夫婦仲の善い家庭になるのでそう問題は起きないが、業因縁の深い夫婦の場合は、お互い業を消し合うためにぶつかり合い、傷つき合いながらの辛い夫婦生活になりがちである。

この深い業因縁の夫婦の行方には、さらに二つに分かれる。

衝突し、互いに業を消し合いながらも本能的に努力し、苦難を乗り越え、それなりの家庭を築いていく夫婦と、業に巻き込まれ、ますます心を痛め、傷つき、離婚に至る最悪のケースである（愛情が冷めて無関心も含む）。

深い業因縁で結ばれている夫婦の心構え

前世からの縁で夫婦になったのだから、たとえ好ましくない夫（妻）であっても、自分の言動が正しいと思っても、相手を責めるのはまずやめよう。

大事なのは、憎しみ、苦しみ、辛い事を胸に押し込み我慢し、傷心するのではなく、その都度、〝ポジティブ思考〟に切り替え、割り切り、消し去って心に残さず、同時に自分と相手の天命を祈る事だ。「私の天命が完《まっと》うされますように」「夫（妻）の天命が完うされますように」と、それを根気強く続ける事によって、わだかまり、心の禍根が薄れ、夫婦二人の業因果が自然と消えていくのである。

〝真摯なる祈り〟は絶大なる効果を発揮する。このような心得で、今生のうちに自分たち夫婦の「業因縁」を消し去っていこう。さすれば来世は、きっと良き配偶者に恵まれるであろう。

離婚の問題

私のところに、離婚の問題を抱えて相談に見える方は少なくない。そこで、離婚の問題についても触れてみよう。

離婚率は、明治初期から低下傾向だったが、昭和40年代から離婚率は上昇傾向となり、平成6年以後は、毎年最高値を更新していた。

平成16年ごろから再び離婚率は下降になってきたが、平成21年度の離婚率は25・7パーセントで、4組に1組が離婚とするまでに増え、以後22年、23年、24年度は、2分に1組が離婚する年があるなど、離婚は増加傾向にある。

最近は、離婚すると世間体が悪いと考え、〝家庭内別居〟で我慢している夫婦が増えている。離婚原因については、「性格の不一致」が相変わらず一番多く、最近は浮気、不倫など、不貞行為が増え、借金などがそれに続く。

では、この一番多い「性格不一致」とは何なのか？

この「性格不一致」という名称がクセモノで、内容が不透明だ。性格不一致の真実の内容とは、異なる家庭環境で育ち、考え方、性格が違う異性の2人が結婚するのだから、通常、最初から「性格不一致」のはず。それが「性格不一致」の理由で離婚するのだからどう考えても筋が通らない。

この「性格不一致」なる離婚原因を突き詰めていくと、妥協心、協調心の足りなさから片方、または双方が相手の立場になって真剣に考えずに自分本位の意見で衝突したり、すれ違いの生活から意思の疎通がなかったり、性の不一致だったり、恋愛結婚に多い似た者同士の夫婦で、熱しやすく冷めやすく、我がままで簡単に別れたりなど、夫婦としての努力の痕跡があまり見受けられない人もいる。

これらを「性格の不一致」の理由にして別れているのが全体の約８割を超えているのだから自我本位も甚《はなは》だしい！

「性格不一致」が悪いなら、「性格一致」にするよう努力精進していくのが夫婦の生き方ではないか！

前述のように過去世の深い業因縁から、いくら努力しても夫婦仲が上手くいかない時は離婚もやむ得ない。夫婦仲の縁《ゆか》りを表面的に無理やり戻すことより、むしろ別れた方が後の当人たちの人生が善くなっているケースもある（実例あり）。また、業因縁を消し、果たし終え、自然と離婚する夫婦もいるようだ。

日本国民、約１億２７００万人の中から結ばれた深あ〜い縁のある２人である。前世から縁があったのだ。ここを忘れず夫婦はお互い努力していこう。

占い1　手相上の夫婦関係（よもやま鑑定事例2、4参照）

家庭円満の夫婦の手相は、愛情度を観る愛情シグナル線も上向きである。しかし、夫婦生活に意思の疎通が欠け、家庭が荒れてくると、夫婦葛藤の想念の乱れが手相に現れてくる。不思議である。

夫婦の愛情はあるか、冷めているか、離婚の危機か、一方が不倫（夫の方が多い）しているなどを手相に正直に現している人もいる。

手相上、夫婦危機を推察し、私のアドバイスが功を奏して夫婦仲が復活した例もある。手相は正直である。

占い2　タロット上の夫婦関係（よもやま鑑定事例16参照）

タロットで夫婦の微妙な心情、本音が判り、今後の夫婦のあり方を前向きに話し合った事例がある。また、タロットで浮気をしていた夫の本音を知り、接し方で家庭に戻す事ができたこともある。

そして、タロットは予想外の霊的要素も出ることがある。

夫婦の本音の愛情度は、手相やタロットでも知る事ができるので是非活用しよう。

タロットは占者の集中心と読みがキーポイントだ。

占い３　宿曜占星術上の夫婦関係

夫婦関係は、その因縁性をよく表わす二十七宿の「宿曜《しゅくよう》占星術」がドンピシャリだ。「命、業胎」の宿命的な因縁深さの場合は、簡単に離婚はできない。個性の強い星同士だけに妥協心に欠けると、強烈に衝突し傷つき合い、苦労している夫婦もいる。私の身近な者に離婚しているケースもある。

憎しみ壊し合う「安―壊」の夫婦は、離婚しやすいと言われるが、決して正しくない。魂の近距離同士の場合は、時には夫婦喧嘩はあるが、腐れ縁のように親しみ合い、性的にもよく引き合い、上手く家庭生活を営んでいる夫婦が多く、そう心配するほどではない。魂の中距離同士、遠距離同士は努力を要す。

晩年に良くなる夫婦星の「栄―親」は、空気のように自然に引き合う理想的な組合わせだが、刺激が薄く、夫婦としての心構えが良くないと夫婦間のトラブルが絶えない。

恋愛で結ばれるのが多い「友―衰」星だが、似た者同士で熱しやすく冷めやすく、我がままで離婚しやすい。深い心の結び付きがほしいところだ。

「宿曜」二十七宿のホロスコープ

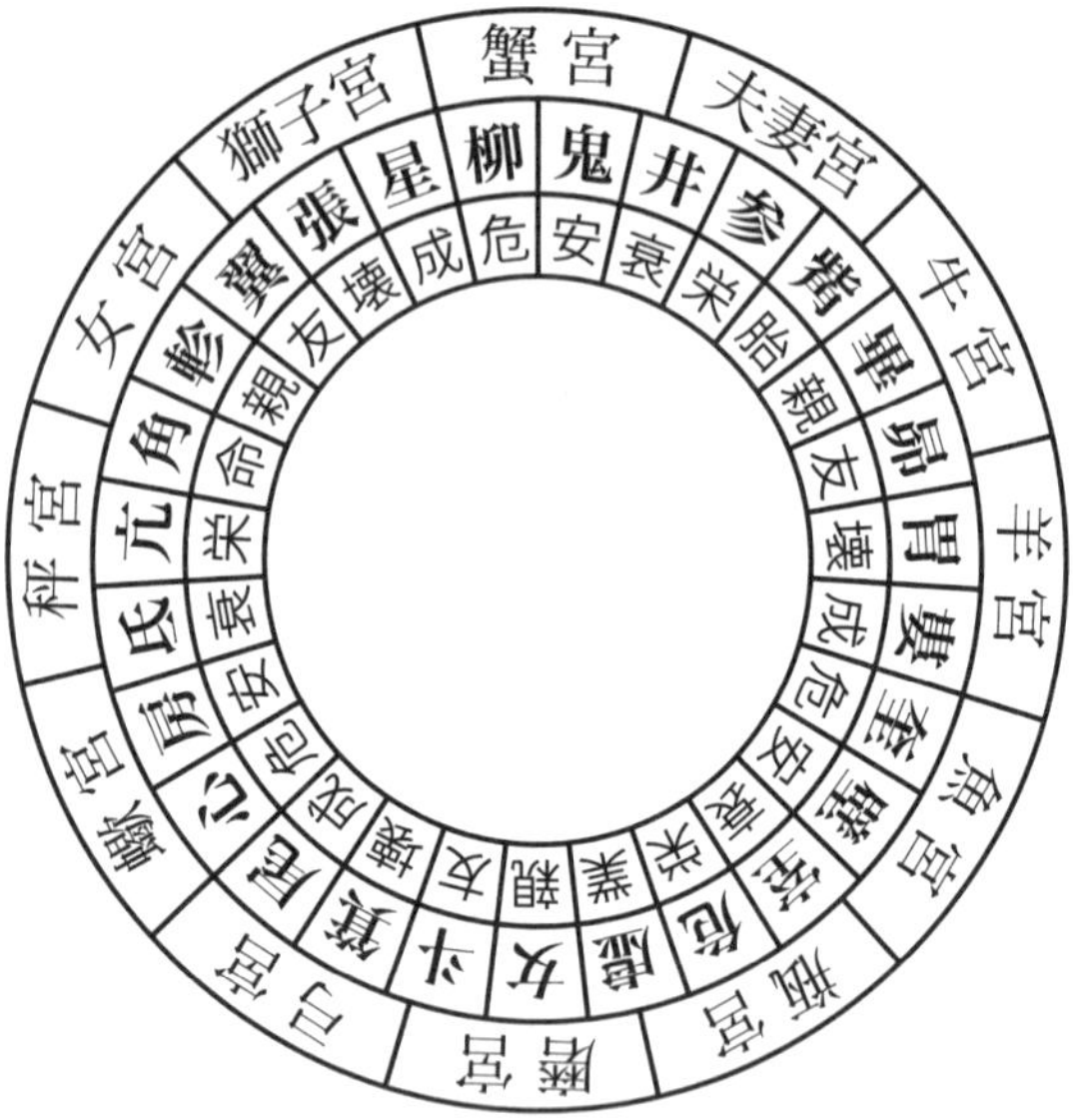

価値観の違う異質の二人の性格「危—成」は、さらりとした相性で友人星に近い。価値観の違う二人だけに互いの理解度がとくにほしい。

以上、夫婦の因縁関係は、この「宿曜占星術」でおおよその推察がつき、その対策も立てやすい。

「宿曜」占い

西洋占星術には12星座があるが、宿曜のホロスコープにもそれに相当する12宮がある。

円盤の一番外側に「羊宮」「牛宮」「夫妻宮」「蟹宮」……といった名称のあるのが12宮である。その内側真ん中の「危」「室」「壁」「胃」「房」……といった文字が27あり、これが二十七宿という「宿曜」占星術の基本である。

さらに、その一番内側には、「命」「業」「胎」……といった文字が示されているが、これは、その相手との相性、その日の吉凶の指針になるものである。実はそれが、「宿曜」独特の「三・九の秘法」として作用するのである。

七曜生れ

実際の「宿曜」には、二十七宿に七曜（日・月・火・水・木・金・土）が重なり、複雑難解なので、ここでは、私の長年の鑑定データを加え、性格、特徴を簡潔にした「七曜生まれ」のみを公開することにした。

日曜生れ＝端正な容貌の人が多い。功徳を積み親孝行だが、病身ぎみ。体に気をつけよう。

月曜生れ＝神経質で気難しいところがあるが、人に施すことを好む。気はやさしい。女性は冷え性の人が多い。

火曜生れ＝七曜の中で特に反抗心が旺盛で芯が強い。しかし勇気と決断力があり働き者。協調心に心掛ければ頼しい人になる。

水曜生れ＝色白、やせ型の人が多く、病身ぎみ。手先は器用。女性は良しとされるが、男性は好色ぎみで酒には要注意。

木曜生れ＝柔和で善を好み、協調性に富んでいる。子供にも恵まれ、男女共に良いが、迷いやすいところがある。

金曜生れ＝善良で孝順《こうじゅん》。周りから慕われる。声質が良い。気うつ的で短命の人もいる。善行を積めば長生きできる。

土曜生れ＝健康的で善良。男女共に気性は強い。方位の障りはあまり影響はない。

第3章

嫁と姑円満の秘訣術

嫁と姑は前世からの縁

嫁姑には基本の心がある。嫁は、「姑は夫の母であり、義母である」ことを自覚して、姑を立て敬う気持ちは大切である。

そして姑は、「嫁の家庭に干渉するな」。嫁の方から相談があったら対応することである。なぜなら、嫁と姑は前世から非常に縁が深いのである。

古今東西、嫁と姑の関係は、いつの時代でも問題は尽きない。嫁と姑は本当に仲良くなれるのか？　この問題は、人間本来の本質に戻らなければ筋道が通らないのだ。人間は魂の進化創造の修行のために、何度も生まれ変わってきているのである（「人間の本質・魂の原点」参照）。

嫁が姑のいる家に嫁ぐのは、霊的に観れば、嫁がその姑から過去世で何かと世話になっている場合が多いのである。今生は、嫁がその姑に恩返しをして、因縁を果たすための宿命が含まれているので、嫁ぐのは決して偶然ではない（嫁姑トラブルの約8割弱がこの因縁）。いわば借金返しと同じで、嫌いな姑でも、借りたものは返さなければならないのである。これはあの世も、この世も同じ条理に基づいている。裏を返せば、嫁と姑はそれだけ過去世から非常に因縁深い仲なのである。

このように嫁、姑の関係はすべて因縁とは言えないが、前世からも通して観ないと適切な判断はできないのである。

嫁の立場——嫁としての役割は果たしておこう

姑のいる家に嫁《とつ》いだならば、まず姑に前世からの恩を少しずつでも返す気持ちで、誠意を持って日常生活を送っていこう。

誠意があれば、いつかは必ず相手に通じるものである。もし、理解力のない姑であっても、あるいは嫌いな姑であっても、心を尽くして年上の義母を立てる気持ちを忘れてはならない。

さらに嫁としての役割は、当たり前と思って、割り切ってキチンと果たしておこう。それでも二人の業因縁は消えていくのである。役割を果たさないと来世は、また同じ因縁を繰り返すだけだ。

通常は、姑に自然な態度で、心身を尽くし接していると、姑に対する負債も自然と減っていくと共に、多少意地悪な姑であっても、徐々に打ち解けてくるようになるのである。

事例

59歳女性。姑が元気な頃は、さんざん意地悪されて、その苦労に耐えていた。ところが、姑が病気で寝込み始めると、長男の嫁としてやむを得ないながらも7年間、世話をしてきた。そして臨終近くになり、姑は目に涙をため、かすかな小声で、「今まで意地悪くしてきてごめん。ホントにありがとう」と言って、翌日の早朝、息を引き取ったという。

この一言で、嫁は「尽くしてきて良かった」と本心から思ったという。これで嫁と姑の業因縁は消え、来世からは、きっと善き人生を送れるであろう。

姑の立場――姑は嫁を自分の娘と思え

姑は、息子を奪った嫁と思うのではなく、早く子離れをして、嫁を自分の娘に接するのと同様に優しく教え導こう。嫁と姑の仲が上手くいっているケースを観察してみると、次のようなことがわかる。

①姑が家庭や息子夫婦に対して細かい事に干渉していない
②姑が嫁に割り切って接し、サッパリしている
③姑が嫁の理解者である
④嫁が姑の何らかの人柄の良さを見抜いて、親しみを抱いている
⑤良識ある嫁と姑の２人である

これらのパターンのどれかにあたるケースが多い

逆に、嫁が日常、常識的に接しているのに、嫁と姑の仲が悪くなっているケースでは次のようなことがある。

①家庭や嫁に必要以上に細々と干渉したりしている
②うちの嫁は気に入らない、嫌いだと、近所、親戚、知人に嫁の欠点を言いふらしている

③嫁の日常の行動をいちいち論《あげつら》っている
④同居の場合では、家計、生活などの実権は姑が握っているために、嫁は非常に不満を持っている
⑤嫁の立場をほとんど考えず、夫である自分の息子の味方ばかりする（このケースでは息子がマザコンが多い）

他には、何かと姑が嫁に意地悪根性を持って接している場合と、複雑に家庭事情が絡みあってトラブルになっている場合があった。

また、嫁が我がままで自己本位である（時にこのケースはあるが事例は少ない）。

事例

近所に住む90歳のおばあちゃんだが、息子の子供の頃の教育がたいへん厳しかった。言う事を聞かなかったり、良くないことをしたら引っぱたき、時にはベルトで縛り、押入れに押し込み反省させるなど、躾《しつけ》には厳しい母親だったのだ。その影響からか、息子は常識的な人間味のある人柄に育ち、その嫁も器用で働き者である。

同居しているおばあちゃんは、嫁に対しては、嫁は嫁、自分は自分、と細かい事には干

渉せずに割り切って接してきたといい、事実、近所では、いままで嫁、姑関係の波風の立った噂はまったく聞かないという。

そのおばあちゃんが半年前に体調を崩し、十日間も入院した時は、嫁は車で毎日病院に来て、マメに身の廻りの世話をしたという。

「好きなものは食べさしてくれるし、旅行にも気軽に連れていってくれるし、家に居ても気の利く嫁でね、改めて嫁の良さがわかったよ。自分は今、本当に幸せを感じるよ」と述懐していた。

良い嫁がほしいなら、まず自分の息子を良識ある人間に育てる事である。なお、このおばあちゃんは嫁の頃、義母をよく介護し、看取《みと》っている。今度は自分が嫁から大事にされ、善き〝因果は回る〟である。

結果はほとんど姑次第

姑よ大人になれ！

嫁の良き理解者であれ！

このように良き仲になろうが、悪き仲になろうが、姑の方が圧倒的に鍵を握っているのだ。結果は姑次第である、といっても過言ではない。

占い1　二十七宿の宿曜占術上の嫁と姑の関係（「宿曜」占い参照）

「夫婦円満の秘訣術」と同じく嫁と姑関係も宿曜占術で適切なアドバイスができる。

「命」、「業—胎」、「安—壊」、「栄—親」、「危—成」、「友—衰」

占い2　タロット上の嫁と姑の関係

嫁と姑の心の本音は何なのか、という人間の心情、心理を観るにはタロットが最適。

事実が判明した事例もあり、タロットは占者の集中心と読みがキーポイント。

第4章

手相顕現過程と手相と人生

ピタリ開運手相術鑑定

何歳に何が起こる、何が起こったなどの流年法がしかと観れることが、プロの手相家として最も重要な手法で、これが〝ピタリ開運手相術〟である。

○滅多に現われない願望達成の成就エネルギー線出現の開運手相
○エネルギッシュで前向き姿勢顕著な半マスカケ線の開運手相
○枝線多めの感性鋭敏なマルチ才能的な知能線の開運手相
○運命線から太陽丘に向かうハッピー線出現の開運手相
○生命線から努力線、開運線が勢いよく出現してくる開運手相
○年齢の節目節目に生命線から開運線が出現している開運手相
○目標に向い心身努力している堀深く力強い運命線の開運手相
○太陽丘厚く大きく太陽線が鋭く勢いのある開運手相
○勢いのある運命線、太陽線が二股に分れる開運手相
○ポジティブ思考、プラス思考は、開運手相

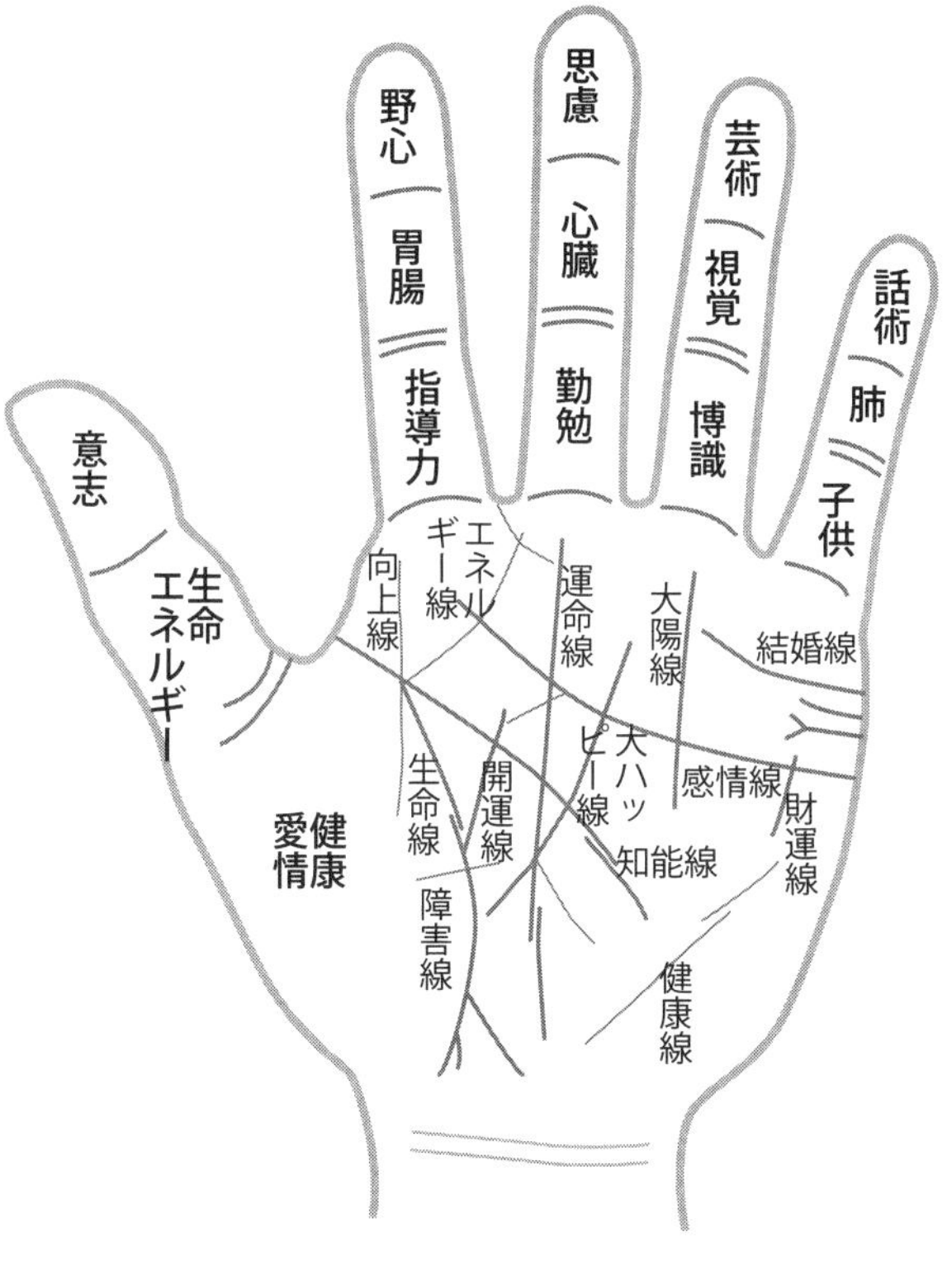

ラッキーパーム
主要線の名称と部位の意味

手相顕現過程と手相と人生

手相はどのようにして創られるのか。

「ラッキーパーム」は、単にでき上がっている手相を鑑定しているだけでなく、肉体を持つ人間の神秘性と、この世の科学的な関わりのメカニズムの不思議さを解き、手相の〝顕現過程〟を初めて、画期的に顕し、人生から手相に影響を及ぼすコリレーション（相互関係）を初めて詳細に解明している。

地球波動と人間波動との関係

地球界の形あるもの、物質など、すべてを科学的に分解していけば、原子や陽子、中性

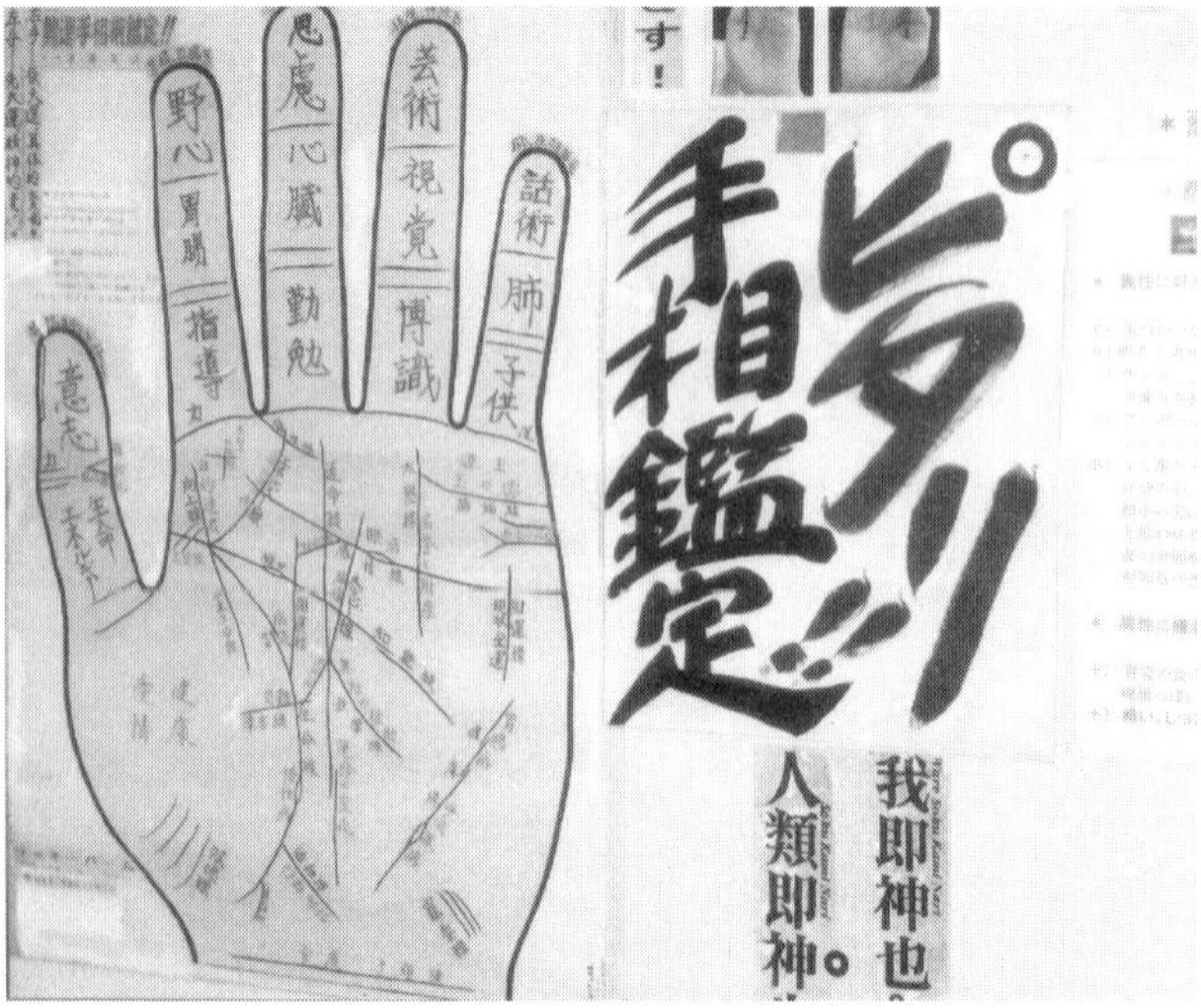

子、電子などの素粒子で構成されている（人間の肉体を含む）。さらにその細胞集合体を分析すれば、微粒子となり、微粒子は光の粒で、光の粒はさらに波動となっている。手相は意識、思考、行動の精神波動が創りあげている。

人間、一人ひとりの想念はすごい威力であり、地球人類が平和になるのも、地球人類が滅亡するのも、自分の人生がどう展開するのかも、想念波動を発している各個人の生き方次第なのだ。

人間の肉体の一部である手相も、自分の日常生活の意識、思考など、想念の精神波動、脳の働きの効果が掌の線として現れているのである。その証《あかし》として、人間を除いた哺乳類の動物には、微妙な精神波動を持ってないので手相はない。高等動物の霊長類の中で、思考、想念、精神波動を持ち、知恵者である人間だけが手相がある。このように手相は頭脳の神秘性の姿として出現しているのだ。

手相は過去世から継続されている

手相は、生まれたばかりの赤ちゃんにもすでにあるように、その人の過去世からの想念

（波動）と、今生の人間界での誕生からの想念（波動、波長）の累積作品である。

手相の線には、長所（善い線）と短所（善くない線）があり、その長所を伸ばしていけば、少しずつ運命を改善しながら、より善い生き方ができるのである。

達成エネルギー線

では、その長所（善い線）を伸ばすにはどうしたらいいのか？

ふだんの日常生活の意識、思考、想い、行動などがすべてである。全く難しいことではない。人生に目標を持ち、夢に向って実現可能だと信じて、人生を明るく前向きに精進努力していると、手相にも良き姿勢の変化が起こってくる。

手相の生命線、運命線、知能線、太陽線などの各基本線の彫りは深くなり、先端は針のように勢いが出てくる。良い縦線も多くなり、向上線や開運線も現れてくる。運命線にも勢いがつき、その開運期には運命線が枝分かれすることもある。

さらに目標を持ち、体力、頭脳、気力を注ぎ込み、日夜、奮闘精進していると、生命線と知能線の分れ目から中指に向って〝パワーエネルギー線〟が出現してくる。この線はめったに現れないが、現れると確かな願望成就である。まさに〝開運手相〟と〝手相と人生〟

の一体で、目的達成である。

マイナス思考、ネガティブ思考は手相に覇気がない

逆に優柔不断でクヨクヨしたり、根気に欠ける人は運命線が途切れがちで、障害線や細い横線が多い（親指付け根の金星丘の皺は悪くはない）。各基本線も勢いがない。

また、怪我や病気、あるいは精神的なショックなどで意識、心に衝撃を受けると、早くて数日で変化（障害線、島状線）する時もある。一般的には善くも悪くも長期的に少しずつその人の意識通りの手相に変わっていく。

マスカケ線の人と半マスカケ線の人の異なる強運開運手相

マスカケ線は別名「百握りの相」と言われ、医者、弁護士、芸術界、スポーツ界、事業主など、各界で活躍している人に見受けられる。日本人で世界的手相鑑定の第一人者の手相家もこの手相である。このように占い業界、一般人の中にも存在する。その道の才能が優れ、個性的な反面、アクの強い人が多い。中にはマスカケの才能を生かしきれていない人もいる。

一方、半マスカケ線は、完全マスカケ線になろうとして奮闘、邁進中なのだ。

この半マスカケ線の手相の持ち主は、人生に真っ向から立ち向かい、目標に向って精力的に活動し、努力家の人に多い。すでにでき上がっているマスカケ線の人より、半マスカケ線の人の方が、日常生活では、前向き、積極的な姿勢が手相にも素直に反映されており〝開運手相〟と〝手相と人生〟を端的に現わしている人物でもある。興味深い手相である。

あるヤクザの親分の手相

多くの組員を率いる組頭の親分がいた。野心を現わす木星丘は、ぶ厚く発達し、向上線は太く意志力強固で、指導力抜群である。太陽線、運命線も彫り深く長い、立派な手相なのだ。ただ、手相だけで人の心の中の善悪までは簡単にはわからない。他の占術で見抜く必要がある。

世界平和に心身捧げている高名な日本人霊覚者の実例手相

親指付け根の金星丘は大きく発達し、生命線が二本あるような太い二重生命線で、愛情深く、精神的、肉体的なタフさを持っている。根性を現わす向上線が人差し指付け根（木星丘）第三関節線まで勢いよく伸び、若年時から相当の努力人であったことがわかる。

　霊能が潜在する小指下月丘は、温かな膨らみがあり肉厚で、長い知能線がその上を走り、月丘の端まで伸びている。感情線は彫り深く、木星丘に向ってゆるやかにカーブを描き、冷静沈着さを備えている。

　薬指の太陽丘は厚く発達し、太陽線も悟りを得た30歳前後より太く長く、線の堀底《ほりぞこ》も見えないくらい彫り深くクッキリしている。

　神秘十字形は形よく現われ、博識、直観力に優れ、霊的にもまれなるハイスピリットだ。文才（著作数50冊以上）で、詩、声楽、音楽、絵画、書などはすべて霊的観点から捉えるマルチ霊性芸術家。両手の各指は丸みを帯びて柔らく、掌、手相全体が温かさがある。

　聡明な幅広い額、心を見透かすような奥深い鋭い眼差しは霊眼である。秀麗で円満な人柄でスケールの大きさ、交友の広さが伝わってくる。世界各国の人々からは現代の仏陀ではないか、と信頼は絶大である。

手相上の夫婦と健康

　今まで数多くの夫婦の手相を鑑定してきた。その中で感じる事は、一見ごく普通の家庭と見られている夫婦が、手相で観ると、妻はすでに愛情が冷め、夫婦危機の予兆があるのに、夫は鈍感でまったく気づかず、仕事や趣味などの自分の好きな事（時に浮気も）に熱中し、妻に対する気遣いもなく、家庭を省みない事が熟年離婚に繋がる一因でもある。おおいに反省すべきであろう（手相で指摘し救われた家庭もある）。

なお、夫婦の関係は「夫婦円満の秘訣術」を参照してほしい。

健康状態も手相にはありのままに現れる

疲れ、悩み、ストレス、鬱病の心の病い、怪我、病気は、知能線、感情線、生命線、運命線に障害線、島状線、赤み、細皺《ほそじわ》の横線が出現するので判りやすい。健康線の出現は、病気の心配はない。

第5章

よもやま鑑定事例

鑑定実例集

私は、この原稿を書いている2013年2月で、鑑定暦32年を迎える。

今まで数多く鑑定させてもらった中から、とくに印象深い事例の一部をご紹介することにする。個人のプライバシーに配慮して、実名などは伏せさせていただいた。

鑑定１　人間の本質は〝愛〟

30代女性。数年前から鬱病になり病院通い。幻覚症状から自殺未遂を３度起こしている。「お浄め」を受けると、暗く塞《ふさ》ぎぎみだった姿勢がシャキッと立ち、顔に赤味がさしてきた。２体の霊が憑いている。

「病院に行くより、ここに来た方がいい」と、２週間ほど毎日私の所に通い、徐々に浄霊していくと表情が本当に明るくなった。

彼女の場合、幼少時に両親が離婚して、母子家庭に加え、母親が男をつくって家にあまり居つかなかった。そのために幼い弟の世話を自分がみていたようだ。

また、周囲に誰一人親戚がいなかった事から、ほとんど肉親からの愛情を受けずに育ってきており、その家庭環境の影響から大人になっても寂しさと虚脱感に襲われ、大麻で一時しのぎの快楽に溺れ、それが邪霊を呼び込み、荒《すさ》んだ生活を送ってきたのだ。

性格は、意外と素直な女性なのだ。今でも私の所に月に２、３度訪れ、「お浄め」と人間社会での常識を勉強しているが　徐々に社会復帰に等しい実生活になってきている。

人の成長には、とくに幼少時の真の、〝愛情〟が何より不可欠だという好例である。

鑑定2　手相は〝正直〟

結婚12年目の男性である。常連客と共に、遠方から初めて来訪された。

まず両方の手相を一通り観て、「ありのまま言っていいですか」と承諾を得る。

「あなたは今、他の女性と付き合っているでしょう」とズバリ言った。

本人は目を白黒させながら、「なぜ判るんだ」と小声でつぶやく。

連れの常連客も驚きの表情を見せたので、そのことは知らなかった様子だ。

右手の生命線に異性と深い関係に入った線が、現在も進行形で出ている。しかも今、まさに思い悩んでいる「島状模様」もハッキリと現れている。妻に対して、愛情が冷めているのが手相でわかる。夫婦仲が危ない！　この線は、水星丘の愛情シグナル線に現れている。予想外の話の展開になった。

このように不倫でも手相にハッキリと刻み込んでいる人もいる。男性諸氏よ、注意しなさい！　手相はありのままを語り、ウソはつかない。

その後も彼は、不倫女性とは簡単に別れられなかった。どうも不倫相手の女性は、中学の同級生のようだ。

鑑定3　霊能者、霊媒者は自分をも浄める力もつけるべし

今から18年前、当時、赤羽駅デパート内で3人の仲間とともに鑑定をしていた。場所が駅改札出入り口と直結した通路であったために乗降客が多い。

ある日の夕方、その通路を行ったり、戻ったりと、4、5回繰り返していた中年の女性が、ついにフラフラと私の所に座った。鑑定を希望だと思い、話しかけると、「ハイ、ハイ、」と上の空で返事をするばかり。一応鑑定をしたが、どうも目が虚ろで態度が尋常ではない。何か精神的に病んでいると感じ、「お浄め」を始めた。

3分後、「お清め」が終了したとたん、涙をポロポロ流し、「実は今、きれいな山肌の山道を登っていると、その頂上に教会のような建物の前で、自分のおじいちゃんがニコニコしながら立っていた。それに近づこうとしたらお清めが終わって現実に戻された」と言う。話は続く。

「今、帰宅途中であなたの前を通ると、何かに後から引っ張られ、行こうとすると、また引き戻されるの繰り返し、そのままあなたの前に座らされたの。別に占いをやるつもりではなかった」との事だった。

さらに、自分は現在、自宅で霊能鑑定をやっており、人の相談にのっているのだと言う。何と同業者なのだ。

では、なぜ霊能者が自分の前に座ったのか？この女性は霊能者として、長年にわたり人の相談にのっていたのだが、そのために人の〝業《ごう》〟を被《こうむ》り、業が溜《たま》りに溜って、精神的に参っていたのだ。他人の事は判るが、自分に溜った業は浄められない。それで、彼女の守護霊が通り道にいた私に浄霊を受けさせ、窮地を救ったのだ。

彼女は、「身体が軽くなった。気がスッキリした」と言って感謝された。

これには後日談がある。彼女は、前よりも立派な守護霊に代わっていると、霊能者仲間たちから言われたという。羨ましい限りだ。

しかし、人の相談にのる霊能者は、「霊が見える、聞こえる、話せる」だけではダメな

のだ。何事にも動じない心に加え、悪霊や業に捉われない、本物の霊力を身に付ける事が最も大事なのである。霊力がないのに人の相談にのっていると、当人も気がつかないうちに、知らず知らずに業に巻き込まれ、身を滅ぼす危険もあるのだ。

この霊能者のケースは運が良い方である。この事例の続きには、もっと信じ難い、良い事も起きているのだが、長くなるので割愛させてもらう。

鑑定4　手相〝後悔先に立たず〟

年輩のご夫婦が訪ねて来た。
「健康が心配なので、手相をよく観てくれ」とご主人。気にしているようだ。観ると、両手相共に生命線を横切る障害線がある。流年法から推測して65歳後半あたりか。その旨を伝え、年齢を尋ねると、来年からその年回りの時期が来るのだと言う。障害線が生命線を横切っているケースは、どちらの線が彫りが深いかで、その症状が軽いか、重いかが分かれる。ご主人の場合、障害線の方が深く、気になるところだ。当然、注意を促した。隣にいた奥さんは、早く帰りたいという態度でソワソワしていたのが印象に残っている。

それから約一年半経って判明した事だが、そのご主人が数ヶ月前に急死したとの事だった。亡くなって一ヶ月後に、私の手相占いの事を思い出して奥さんが訪ねて来た。

奥さんは、「主人があなたに手相を観てもらった時に『注意しなさい！　一応病院で診て貰ったら』と言われたのを脇でおぼろげに聞いていたが、あの時、私が真剣に対応して、もっと気を使っていれば手遅れならずに済んだのに」と後悔しきりだった。

しかし、もう取り返しがつかない。ご主人が可哀相だった。でも、手相を観てもらいながら、なぜご主人本人が、もっと真剣にならなかったのか！

鑑定5　〝玉の輿〟に乗った？

母子家庭で育った、当時24歳の女性である。

北方に良い方位が回っていたので、彼女には東北地方へ一人で3泊の旅行を勧めた。そして旅行を終え、それから5ヶ月後に母と共に訪ねて来た。

話によると、旅行後ちょうど4ヶ月目に知人の紹介で見合いをして、1回のデートで結婚のプロポーズをされたそうだ。京都に住む一人息子の御曹子で裕福な家庭だそうだ。それにひきかえ自分たちは裕福でないだけに、あまりの好条件なので本当に大丈夫か、との相談である。

しかし、すでに結納も済み、さらに先方からは相当気に入られているというのに、今になって「大丈夫か不安だ」もないだろう！　折角の好条件相手なのに。

「どうなるかは、自分達2人の努力次第でしょう。腹を括って前向きにいきなさい」と励ました。

「祐気吉方位旅行」の効用で、これほどの好条件の相手が現れるケースもそうざらにはないので、今でも印象に残っている。

鑑定6　失望と歓喜を味わったケース

当時、すでに式場も決まり、４ヶ月後に結婚するという同棲中の20代後半の女性である。

「彼の行動に不安がある」と私の所に相談に来た。

話を聞いて、とにかく彼と縁があればそのまま結婚できるし、縁がなければ別れると、吉方位旅行に行ってもらうことにした(吉方位旅行は2人の縁が有る、無しの効用も出る)。

結果は出た。２ヶ後に別れたのだ。私の前でポロポロと涙を流し、泣かれてしまった。どうも別れた婚約者がたいへん好きだったようだ。

しかし、祐気吉方位旅行で善い生気を浴びてきているだけに、別れて3ヶ月後に新しい彼ができて、しばらくの交際後にゴールイン。ニコニコと〝満願かなって笑顔〟。

「この前の泣き顔どうしたの」と私に冷やかされる始末。今は1児の母となり、幸せに暮らしている。

好きな異性であっても、縁のない人とは、結婚してもいつかは別れるハメになるのだ。

一時的に辛い思いをしたが、結婚前に別れて正解だったかも知れない。

鑑定7　20代の妹と30代の姉の明暗旅行

姉の結婚目的のための吉方位旅行だったが、妹は、「お姉さん1人で行くのは寂しいだろうから、私が一緒に付いて行ってやる」と付き人で同行した。京都へ3泊4日の旅だった。

結果は、妹は帰宅後、わずか2ヶ月後に結婚し、姉はそれから1年半後に結婚となった。なぜか？　妹は旅行に行く前までは、彼氏はおろか異性の友人もいなかった。ただ唯一、同じ町内に住む男性の知人が1人いたが、その男性とは挨拶をする程度であった。が、旅行後に、その人と急速に親しくなり結婚したのだ。

「どうして私、あの人と結婚するのかしら？」と不思議顔をしていたのを思い出す。縁があったのだろう。

後に判明したのだが、偶然にも運良く妹にも良い年月の吉方位で、「五黄土星」と強運の持ち主でもあったのだ。しかも、姉に付いて行ったので無料でのこの結果だった。まったく徳運のある妹だ。「これも姉の吉方位旅行効用のお蔭げ」と喜んでいた。

一方姉は、旅行時の注意事項を守らなかった不注意から失敗。私に叱られ、再度、別方位に旅行して、遅まきながら結婚できた。その時、すでに妹は1児の母になっていた。

姉の結婚が決まった時、２人で挨拶に来たが、その時の姉の嬉しそうな顔が今でも浮かんでくる。

鑑定8　霊は同じような〝波動〟を持つ人間に憑く

「Oさんからの紹介で来ました」と若い女性が訪ねて来た。

「毎夜寝ていると、〝かなしばり〟に遭って怖い」という。話を聞いているうちに、私の後上方から〝違う、違う、この女が毎日呼ぶんだ〟と、どうも怒っている口調で私に話しかけて来る。男の霊のようだ。

その旨を女性に告げると、顔を真っ赤にして、「実は就寝中フトンの中で、ひとり○○チをしていると、霊に覆い被され、快感に浸っていたが、最近はさすがに怖くなってきた」と告白するのだ。

正しくは、人間界も究極的には霊界同様、波動の世界なのだ。いわばその人の想念（波動）次第で、同様な波動を持つ幽界霊に憑依されやすい（善い想念はそれで良い）。憑依されやすい、というより無意識に自分から霊を呼び込んでいるのだ。

この女性の場合は、当時、彼氏もなく、寂しさから性的欲望にのめり込み、色情霊を呼び込んだものである。

「お浄め」を受けると、スッキリした顔をしている。清らかな、とらわれのない明るい心の人には邪霊は近寄って来れない。

「今後は健康的な明るい生き方を心掛けます」と彼女は反省していた。

こういう相談は、同性の鑑定者を頼るものだが、恥じらいを抑えて、男性の私に相談に来た彼女の勇気を称えたい。

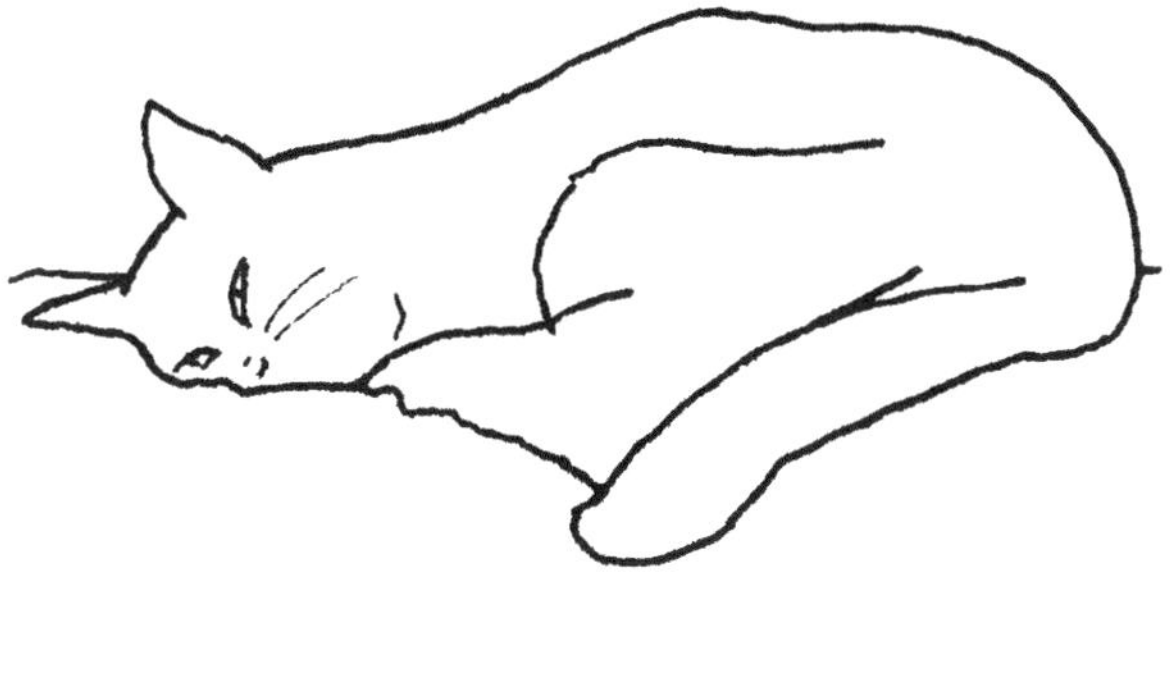

鑑定9　信じない者は救われない！

2、3度相談に見えていた女性が夫を連れ訪れて来た。今度、家を購入したいとの事。一戸建てで環境も良く、価格も安価で頭金の貯えも充分ある。夫の今の収入からローンも安心して組める申し分のない条件だという。観ると、方位も悪くはなかったものの、運気は底に近い下降ぎみの時期だった。そして、タロットの読みは〝中途挫折〟。私のインスピレーションも〝今は良いが、後で何かが起こりそう〟ということで、返答は「ノー」。自分も信念を曲げるわけにはいかない。その旨を伝えると、怪訝な表情で何か納得がいかない様子であった。

それから2年ほどたったある日、私が来客の鑑定中に、外から鑑定室に顔だけを覗かせて「遠藤さんは本当によく当たるのねー」と女性の声がする。一瞬何の事なのかわからなかったが、鑑定後、一戸建てを購入した例の夫婦の奥さんだった。そして、ことの顛末を聞かされた。

私の反対を押し切って購入した一戸建てに入居して間もなく、その家に霊現象が起き始めたそうだ。それでも何とか住んでいたが、半年前から夫の会社の経営悪化で給料が滞るようになり、ローンの支払いも滞るようになった。妻（本人）は、体調不良で異常な顔ぶれとなり、人相が一変している。働く事もできない。

「あなたに購入を反対された時、言う事を守っていれば……こんな事になるとは……」と生きる気力を失ったような意気消沈の状態だった。

その後の家族（夫婦と小学生１人）はどうなったのか消息不明である。占いに来ていながら鑑定結果を無視し、良くない方へ向っているケースが時折あることも事実である。よく宗教では〝信じるものは救われる〟と言われるが、今まで自分自身が鑑定した経験から〝信じない者は救われない〟もあるかもと思っている。

鑑定10　信じる者は救われる！

当時20代前半の女性。交際していた男性に騙され、暴力を振るわれ、散々な目に遭わされた事が、男性不信、結婚拒否症までになっていた。あるきっかけから私の所に相談に来るようになった。

容姿端麗な女性だけに男は近寄って来るものの、本人はかたくなに避けていた。しかし、私の勧めならばと、とある男性とゴールインした。年齢はすでに30代後半になっていた。

2人の新居や方位など、すべて私任せであったが、もし夫婦生活が上手くいかなくなったら、「大丈夫だ」と言って勧めた自分の責任は重い。夫になる男性に会ったこともないのにこんな無謀な縁結びをさせた自分に呆れていた。

けれども、そんな心配をよそに子供にも恵まれ（命名も引き受けた）、家庭はうまくいっているようだ。その後2年間の内に、家が狭いので広い新宅を購入したいとの意向で、4、5回ほど相談があったが、方位や夫婦の運気、資金繰り、家相の条件などが合わないことから私の方から購入は却下していた。この点、彼女は私の言う事を素直に聞き入れ、購入をあせる夫を説き伏せていたようだ。

私自身、彼女たちが家を購入する事にどうして条件が合致しないのか、と感じていた。ところが、管理職で勤めていた彼女が突然倒れ、病気で入院してしまったのだ。この時、私はハッと気づく事があった。もし彼女たちが家を購入していたら、夫婦２人の収入を合算したギリギリのローン支払いの予定に狂いが生じ、大変な事になっていただろう、と。

本人も病院で胸をなでおろしていたようだ。

〝不幸中の幸い〟に近く、守護霊さんの計らいでもあったのか。これは、彼女が私をとことん信用、信じてくれていた賜物だろう。

本人は、手術を受けて数ヶ月間の長期入院であったが、無事に退院している。

鑑定11　〝金太郎〟が誕生した

7、8年前の出来事である。30代後半のご夫婦だったが、「子供がどうしてもほしい」との相談だった。

結婚14年の間、いろいろな方法を試したが妊娠の効果はなかった。病院では、夫も妻も医学的には肉体に欠陥はないという（妊娠に効果がある吉方位旅行は、肉体に欠陥がないのが必須条件）。そこで、ちょうどある東北地方に、夫婦の相性の良い星が回座していたので〝妊娠の効果がある吉方位旅行〟に行ってもらう事にした（5泊6日）。

それから約1年後、お腹の大きい妊娠中の奥さんが訪ねてきた。よく聞くと、旅行から帰宅して3ヶ月後に妊娠したという。奥さんは、本当に子供ができるとは期待していなかったと正直に言っていた。そして、数ヶ月後に生まれてくる子供の命名をしてほしい、と嬉しそうにニコニコしている。念願の子供が授かったのだから無理もない。

妊娠中の大きいお腹は、男の子が誕生してくる確率が高いといわれる。それを信じ、母親の願いを受けて〝強い子供〟から〝金太郎〟にあやかり、強く逞しい男名を付けたのを記憶している。彼女は、「えっ！　こんな名前を……」と目を白黒していたのを思い出す。

それから数ヶ月後、三重顎で丸太りの大きな赤ちゃんを重たそうに抱っこした彼女が鑑定所に現れた。

それこそ〝金太郎〟に相応しい男の子である。出産した病院では、今まで生まれた中で一番大きい赤ちゃんであったという。

今では小学生になり、クラスの中で一番の〝大物〟で、健康的でスポーツに励んでいるという。

鑑定12　先祖が犯した怨念は子孫にまで祟る！

数十年前のことながら、記憶が強烈に蘇ってくる実例である。

3歳ぐらいの女の子を連れた若夫婦が急ぎ足で鑑定所に入ってきた。不安げな両親の話によると、この子がある日突然、ノドに異変をきたし、苦しそうに息をしはじめたという。これは大変だと医者に診てもらったが異常はなかった。それではと、ある有名な霊能者に観てもらうと、「首に大蛇が巻付いているのですぐにお祓いをしなければ」と言われ、それから言われるままにお祓いや般若心経の写経をしばらく続けたが、まったく効果なしだった。そのうち友人から評判を聞いて、私の所に駆けつけて来たのだという。

女の子をよく観察すると、ゼーゼーと苦しそうに息をしている。が、子供だけに遊びたい一心から動き回っている。

「どうも切ない。早くどうにかしないと大変な事になる」と感じた。通常のお浄めでは無理だと思ったが、まず、すぐに「お浄め」をし、一つの賭けに出た。両親に今晩中に2、3行の「祈り言」を一心に唱えるように頼んで、私自身も今夜半中、家から極意の白光の印で〝光〟の送りに集中した。

翌朝、自分自身でも半信半疑ながら先方からの結果を待った。しかし連絡がない。やはりダメかと諦めかけていた昼頃、親子たちが鑑定所に現れた。

なんと、その子供が本来の無邪気さを取り戻し、走りながらこちらへ来るではないか。父親が「イヤー驚いた！　本当に治ってしまった」と言って信じられない表情をしていた。

では、なぜ少女の首に大蛇が巻付いたのか？

実は、母方の祖先が乱世の時代に首切り役人をしていたのだ。今でいう死刑執行人である。職業柄とはいえ、人の命を断ち切ることから子孫にまで怨念の〝業〟を被ってしまったのだ。

よく先祖が凶悪な罪を犯したり、淫乱で色情的な家系は、長く続いても３代で、その後の家は滅びてしまう。しかし人のため、世のために尽くした先祖の家系は、末永く繁栄し、子孫にも大きな恵みを与える。良くも悪くも先祖の行いのすべてが、今生の子孫である自分に還ってきているのだ。いや、その先祖とは自分だったかも知れないのだ――因果は廻る。

鑑定13　願望は叶えられる！　少女の夢が実現した

時おり、私の鑑定所に見えるお金の払い振りのいい30代の女性がいる。

ある日、彼女の鑑定中、突然、自分の生い立ちを語り始めた。話によると、幼少時に早く両親に死に別れ、その後は祖母に育てられて、小、中、高校時代を送ったという。20歳前後に自殺未遂を起こすほどの精神的な衰弱時期もあったが、幼少、少女時代からどういうわけか〝一番高い所の広い家に住みたい〟と夢見たいな願望が絶えずあったという。

20代後半になって、20歳以上年上の男性と結婚した。ところが、夫がその後、事業に成功して、今は、ある都心部の中心地で30階立て超高層マンションの最上階に住んでいる（家賃100万円で、高所得者や外国人が主に住んでいる）。気がつけば、小さい頃からの夢が叶って自分でも驚いているという。

現在、地下鉄駅前の立地の良い場所で、客席数100もある大きい喫茶店の経営を夫から任され営んでいる。はじめ彼女の話を聞いた時、信じられなかったので、後に私自身、自分の足で確認をしている。人間の想いは運命を決定するすごい威力を秘めているので、信念を貫き、目標、夢は諦めてはならない（「悔いなく前向きに人生を送ろう」参照）。

鑑定14　人間の本質は〝愛〟の続編――彼女はどう変わった？

鑑定１でご紹介した女性の続編である。

５年ほど経った現在も、月に２回から４回ほどうちに「お浄め」を受けに通ってきている。彼女は、この世は人間の力だけでなく、目に見えない自然の力と守護霊の加護があると本能的に分かってきたようだ。

今はある目的に向って前進中で、神仏への信仰心が深くなってきている。現在は先祖の供養をするなど心の余裕が窺《うかが》え、人生上の自信と希望を持ち、当時とは大きく生活態度が変化している。これは彼女が持って生まれた〝素直さ〟の良さだが、反面、純粋さにつけ込まれ、すぐ人を信じ騙されることがあり、今後、これをどう克服していくかが課題となるであろう。なお、母親と弟の行方は、今もって不明である。

鑑定15　人間、大事な事を決行する時は必ず〝時期〞がある

閉店間際に手を繋ぎ合いながら若いカップルが訪ねて来た。評判を聞いて来たのだという。

「私たち付き合って1年経って、双方の親も承諾してもう結婚するが、一応、相性をみてほしい」という相談だった。

まず双方の手相を観て、他の鑑定でも申し分のない相性である。一般的にはＯＫのケース。しかし私の心に引っかかるものがあったので（無駄だと思ったが）、「あと7ヶ月待ちなさい」と忠告した。２人は怪訝《けげん》な表情をしていたのを思い出す。

それから1年ほど経った頃、その男性の方が再び訪ねて来た。椅子に座ったとたん、「先生の言ったとおりになりました」と一言。

よく聞くと、あれからすぐ結婚し、最初はうまくいっていたが、だんだん２人の仲にすれ違いができ、３週間前に別れました、と言うのだ。

私の予感が的中してしまった。それにしても早い。なぜか？　２人の相性には異存はなかったが、〝結婚する時期〞が早すぎると思ったのだ。それで、あと7ヶ月待てとサイン

を出したのだが、当人たちは耳を貸さなかった。

〝時期〟というものを軽視すると、こういう結果になることもある。

このケースは、当人たちの自覚次第で、離婚は避けることはできたのだが、これも若さのゆえんか。

春に種を蒔き初夏に咲く花を、早めにと冬に種を蒔いたら果たして苗が育ち、キレイな花が咲くかどうか？

鑑定16　タロットは占者の集中力と読みがポイント

ここでは、解決した実例の項目のみを記しておくことにしたい。


*予想した年月に恋人ができた。わざわざ知らせに来る人もいる。

*結婚する年齢がピタリと当たった。これは結構多い。

*夫婦間の愛情があるか、冷めているかがわかった。トラブルの多い夫婦には、是非確認しておきたい。

*子供の本音を知り、親が理解を示し、登校拒否が治った例は数件ある。

*姑が嫁に実家に帰るよう、よく勧めるのでおかしいと思い、姑の本音をみたところ、姑とその息子（夫）が近親相姦だった——この夫婦は後に離婚している。

*上司の性格など、本音を知ることができて仕事がやりやすくなった。

*健康状態や病状の進行を前もって知り、いち早く医者にかかり、手遅れにならず済んだ。

*健康面は、タロットと手相を併用すると的中率が高い。

*奥さんが、夫が自分の子供に本来の愛情を持ち合わせているか知りたい。

鑑定17　早く結婚するつもりが、先に仕事運に転化した

社会人1年生、18歳の女性である。裕福な家庭の一人娘で、評判を聞きつけ、私の所に訪ねて来た。「早く結婚したい」との相談だった。

当人の結婚願望が強いので〝開運吉方位旅行〟に行ってもらうことにした。ただし、あまり若いので、早期の効果は簡単に期待できない旨を伝え、承諾してもらった。

それから4年間、年に2、3度ほど、西、東南、北、南などによく旅行させたが、浅い恋愛程度の男性は現れたものの、結婚相手らしき男性は現れなかった。しかし、本人は意外と気にせず、旅自体を楽しんでいるようだった。

一方、勤めていた中堅会社では、彼女の仕事ぶりが認められ、21歳で同期入社5人の中で一番早く昇任したのだ。これは数年間の吉方位旅行で祐気効用が生じ、仕事運も増してきたためだ。身体も健康的になってきたという。

肝心の結婚相手の男性は、22歳の後半に現れ、しばらく交際した後、23歳10ヶ月でめでたくゴールインしている。現在は、夫と子供1人の3人家族。本人は課長補佐として、今も意欲的に勤めている。

この例のように〝開運吉方位旅行〟は、願望以外の多種な吉兆効果が現れるのは確かのようだ。

鑑定18　本当に感慨無量

今から20年以上前になろうか。私の鑑定の評判を聞いて来たといって、20歳代の女性と、あどけない3歳ぐらいの女の子が入ってきた。母と子であった。

相談内容は、母親の身内の問題であったが、その小さな女の子は母親の隣でチョコンと椅子に座り、私の顔をジーッと見つめている。つぶらな目が可愛らしい。1時間ぐらいの鑑定時間であったが、身動きせずに母と私の話を聞いていたのを思い出す。

それから数年が経ち、小学校の高学年ぐらいの女子が一人で訪ねてきた。１０００エンを差し出し、私に占いをしてほしいというのである。どうやら自分の小遣いの中からのようだ。

よく話を聞いてみると、母親と一緒に来た、あの小さな女の子だとわかった。つい、このあいだ母親と鑑定に訪れていたではないか。人の成長は早いものだ。

それ以来、中学、高校、大学と、その時々にクラブ活動やクラスの問題、恋愛、進学などに関して年に数回、鑑定に訪れていた。感心するのは、いつも自分の小遣いの中から鑑定料を支払っていたことだ。彼女は、母親に迷惑かけたくないという。

現在、20代半ばになり、中堅会社の企画部で働いている。その人柄と仕事ぶりから、社長からも期待され、会社にとってはいなくてはならない貴重な存在となっている。

今も時折、私のところに恋愛問題などで鑑定に訪れている現状である。

あの、小さい女の子が立派な成人になるまで、ずーっと見届けてきただけにほんとうに感慨深い。

鑑定19 「私の二の舞にならないように！」と本人に承認を得た事例

話は、約10年前にさかのぼる。

「ここに占いコーナーがあるなんてビックリした」と言いながら、30代後半ぐらいの女性が鑑定所に入って来た。彼女は、主婦をしているが、どうも体調がすぐれないという。対面し、彼女をジーッとよく観ると、目の動きなどがキョロキョロしていて尋常ではない。何か憑いているようだと私は直感した。まず、占いをするより憑いているものを先にとらなければと思い、「お浄め」をした。すると、「体が軽くなり、楽になった」と言いながらその日はそれで帰って行った。

それから数度、「お浄め」に訪れていたが、ある日、鑑定所の椅子に座るなり、彼女は突然姿勢を正し、両手を膝の上に揃えた。そして、男の声で「いつもお世話になります。ありがとうございます」と深々とおじぎをしたではないか。

私はとっさに、彼女のおじいちゃんだとわかった。孫の彼女に憑いて、私の「お浄め」を一緒に受けて、自分も清まっていたのだ。後に、彼女自身におじいちゃんのことを話したところ、その時、自分は全く記憶がないという。霊に憑かれている当人は、意識も奪われているので記憶がない。不思議なことである。

その後、彼女はしばらく顔を見せなかったが、久しぶりに鑑定所に現れた。話を聞いてみると、「太りすぎで気に入らない」という理由で夫から離婚させられてしまったという。誰が見ても、そう太っているとは思えない。顔がふっくらした程度である。そんな単純な理由で簡単に離婚に応じる本人も本人だが、まったく変な夫婦である。その時、なぜ私に相談に来なかったのかと怒鳴ったが、後の祭りであった。

それからの彼女は、精神的に参ってしまい、うつ病で病院通いとなり、通常に働くことができなくなったために生活保護を受け、アパートで一人住まいをしていた。しかし精神障害を患う、同じような境遇にある一人の男性と付き合うようになり、深い関係に入っていった。

私はその男性との交際は避けるよう、交際は止めるように何度も注意したが、彼女は私の言うことを聞かなかった。ついに私はさじを投げ、「そのうちあんたは、その男にひどい目に遭うよ」と忠告し、彼女を突き放した。

それから数ヶ月経った頃、彼女が私に泣きついてきた。予想した通りだ。金の無駄使いをするようになったり、セクハラを受けたり、ストーカーされたり、無断で家の中に入って来たり（合鍵を持っている）、やられ放題だった。また、彼女の個人的な情報を電話であちこちに言いふらされたり、まあ、本当にひどく嫉妬深い男のようだ。

私はすぐに警察に通報させ、こういう事は住居侵入罪やストーカー行為の罪になることを警察から直接本人に厳重警告してもらった。男はそれでも、今度は警察官を立会いにして付き合いをしたいと言ってきたが、私はそれも止めさせた。

彼女は、「遠藤さんに、あんたはひどい目に遭わなければわからないのか！　と強く言われたが、本当に私は大バカだった」と大いに反省をしていた。

それから半年ぐらい経っている。今のところ、ひどい男から接触してくる様子はないようだが、まだまだ油断は禁物と彼女に注意を促している。現在は、時折以前から祈っていた「世界平和の祈り」に真剣に目覚め、集中しており、ようやく平穏な心になってきたようだ。

彼女は感受性が高く、霊媒体質なので、心がフラフラしていると浮揚霊などに憑かれやすい。不動の精神としっかりした信念が持てるようになれば、神霊が応援してくれるようになる。今後に期待したい。

鑑定20　間違った宗教はご先祖を迷わせる

私は、霊を観る時間帯は早朝が多いのだが、この事例に関しては珍しく真昼である。

昨年のある休日。家で一人休んでいると玄関の戸をたたく音がする。

「誰なんだろう?」とのぞき穴から外を見たが誰もいないようだ。確かに、たたく音が聞こえたと思い、そっとドアを開けたところ、80歳前後のおじいさんが、「3日間泊めてくれ、どうしていいかわからない」と言いながら、サァーッと素早く家の中に入って来たのだ。こちらが「えっ!」と思う瞬間だった。後を振り返って家の中を見回すと、もうおじいさんの姿はなかった。

「今のは、決して幻ではないよな」――自分に言い聞かせるしかなかった。その日1日、あのおじいさんはいったい誰なのか、どうしても思いつかなかった。

次の日の午後、お客さんの鑑定中にふと思い出した。もう10年ぐらい前になるだろうか。お孫さんのことで、地方から時折相談に見えていたあのおじいさんだ。以前の記録から電話番号を調べ、連絡してみることにした。

電話に出た娘さんの話によると、おじいさんは3年前に亡くなったとのことだった。その娘さんは、「うちの長女をよく可愛いがってくれたおじいちゃんだった」という。

事情を話して、その家の事をうかがうと、２年ほど前から娘さんはある新興宗教をやっているという。それでわかった。元々の家の宗旨は曹洞宗で、今の新興宗教では、おじいちゃんに合わず、落ち着かないのだ。そして家に居ずらくなったのだろう。それで私に助けを求めてきたのだ。娘さんにそのことを告げると、「よく考えておきます」という返事だった。

宗教は決して悪いわけではない。けれども、本当に人間を正し、清々しい人生を送れる教えかどうか、よく見極める必要がある。表向きは良い事を言い、実際はお金集めに躍起になっている宗教は要注意である。

第6章

悔いなく前向きに人生を送ろう

目標を掲げて生きよう

人間、自分の生きざまがそのままイコール、己の死にざまにも繋がっているのに意外と気付いていない。また、この世の生き方次第で、あの世の行き場所も決まるという。

これが真実であれば、あなたはどんな生き方をしますか？

人それぞれ、みな生き方は異なることでしょうが、何人《なんびと》も共通の念願は、「人間としてこの世に誕生したからには、楽しく輝かしい、充実した生き甲斐のある人生を送りたい」という事でしょう。

では〝悔いなく前向きに生きる〟には、どう生きればいいのでしょうか？

端的に言えば、〝人生に後悔を残すことなかれ〟です。

人間、病床でいざ死期に迫った時、自分の人生の事、健康の事、家族の事、財産の事など、いろいろ後悔の念が浮かんでくるといいます（終末期緩和医療医師談）。

ここでは、「自分のやりたい事ができなかった」という、自分の人生について後悔しないような生き方を追求してみよう。

元気でいる時は、年齢に関わらず〝人生もう遅い〟はない。仮に高齢であっても70代になって大学に入学したり、オリンピックに出場する日本人もいる。73歳の日本人女性登山家が世界最高峰のエレベスト登頂に成功したり、81歳でピアニストを初めた日本人女性が、現在91歳のプロピアニストで活躍中でもある。

さらに東京西荻窪に住む102歳の男性職人が、今も元気に働き、若者に働く意欲の模範を示している。この生き方は、来世の準備のためにもなるのだ。

これからでも間に合うのだ。志を決めていこう。人生は悠久なのである。

自分の一生を描いて生きよう（よもやま鑑定13参照）

まず、自分の将来に夢と希望を掲げ、成功した自分の姿を絶えず描き続け、生きる喜びを見出す事だ。それには目標に向って一歩一歩進み、困難をクリアする努力を怠ってはならない。

ここで重要なのは、最初の〝信念の持続〟です。成功する人間は、〝信念の塊〟となっているか、信念の塊までならなくとも、神経図太く諦めないで、マイペースで目標に向っ

「チャレンジ21」と題して講演する著者

て邁進しているのです。

反対に途中挫折する人は、この〝信念が希薄〟であるか、途中で諦めてしまうかだ。希望、目的のない人は、いつも不安を持ち、根気もなく、その場限りで途中で頓挫《とんざ》しやすい。

〝継続は力なり〟を絶対に忘れてはならない。

人間の意識、想念は、自分の人生を左右するのはもちろん、ついには国を変えるほど凄い威力を持ち合わせているのだ。〝初心忘るべからず〟の想いを絶えず胸中に置いておこう。

確固たる矜《きょう》持《じ》を持続できれば、〝願望実現間違いなし〟で、必ず自分の描いたとおりの人生に到達する事ができるだろう。達成すると、今までの辛く苦しい出来事が、自分はよくやってきたという誇りに変わり、懐かしく楽しい思い出となって蘇ってくるものだ。

これは目的を達した者にしか分からない心境だろう。

失敗を恐れるな！

楽しく生きるとは、楽《らく》をしてただ楽《たの》しむことではない。

大いに働き、勉学もし、スポーツ、趣味に楽しみ、異性との恋愛にも熱中し、将来の伴侶を得ることもいいだろう。また、時にはハメを外すこともあるだろうし、時には失敗もするだろうが、これらは次へのステップの教訓、勉強なのだ。同時に自分のすべてに責任を持ち、目標達成の〝信念〟は絶対忘れるな！

奉仕精神を忘れるな！

良くない事をしたり、人に迷惑をかけたりしてはいけない。一番大事な事は、この世は自分以外の人々がいるからこそ、自分が生かされ、生きているのだ。仕事の傍ら世のため、人のためにも尽くしていこう。その行いの功徳は、いずれは回り廻って、何倍にもなって自分に還ってくるのです。この〝奉仕精神〟は、人生成功の秘訣です。

肉体に感謝！

健康維持にも努めよう。

肉体があるから人間として生きていられるのだ。精神面だけでなく肉体の喜び、快楽も生きるのに必要なものとして、楽しみとして神様が人間に与えてくれたものです。大事にしよう。大感謝！

このようにポジティブ思考、プラス思考で一生懸命に生きていると、手相上も開運手相そのものになる。

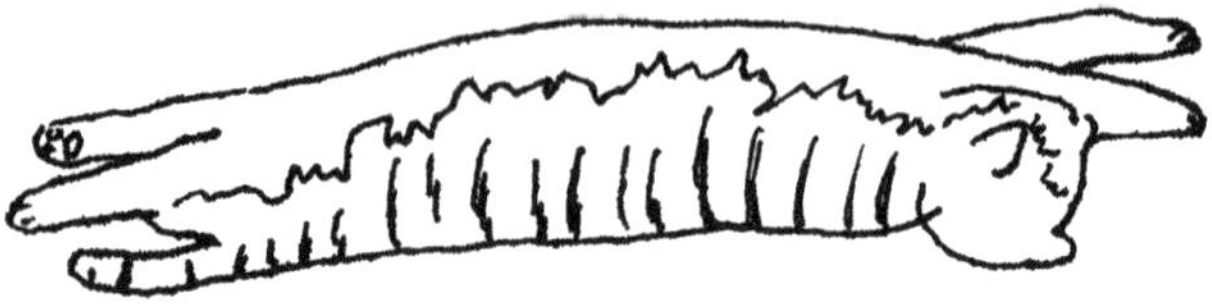

実例からの教訓1

今までは「自分の人生」について記してきたが、ほとんどの人は結婚し家庭を持ち、家族を持ち、一応の財産を持って人生を終えていくことが一般的であろう。これらの家族や財産については、その家庭を維持していくには自分の人生だけでなく、自分の子供たちの生き方にも大きく影響を及ぼしてくる。

これから述べることは実際に起きた実例である。

ある1人の青年が地方から上京し、東京の都心部で建築関係の部品、清掃用具類、インテリア、測量用具などを扱う卸問屋の経営を始めた。なかなか度量の大きい、社交性に富んだ人物であった。商売も着実に伸び、数年後には都心ＪＲ駅前にビルを立てている。困っている人がいると、惜しみなく金を貸して助け、それが後に、貸したお金の倍以上の金が戻ってくるという〝徳分〟のある人物であった。人を疑うところがあまりなく、人の好い人物であることから、悪い人間からは騙され大金を失うこともあったという。それにもめげず、何億という財産を築いた（約30年前のことだ）。

このように、生活、財産面では全く心配のない状況であったのだが、彼の一番の難点は、

〝女〟だった。女好きで浮気をし、妻をよく泣かしていたのだ。それも常時6、7人の女を抱えていたようだ。これが後々、重大な問題に発展していくのだ。

まず、正妻がいるにもかかわらず、好きな女に子供を産ませて家庭がゴタゴタのトラブル続きで離婚し、すぐ、また好きな女性と再婚した。当時、彼は仕事と遊びに熱中していたので、3人いる自分の子供の教育には全く関心がいかない。再婚した妻も、夫の浮気に気を使いすぎて、うつ状態であったため、子供の教育にも目がとどかない。そのため、女ばかりの3人の子供は自由奔放で我がままに育ってしまった。

本人が60歳代になって、はじめて自分のしていることに気づき、これではよくないと思いはじめたが、時すでに遅かった。

長女は、男友達と遊びに惚けて家に寄り付かなくなり、時には警察沙汰になることもあった。三女は早くに結婚して家を出たが、次女は一応、家業に従事していたものの、大変な我がままで、父母（本人たち）と喧嘩ばかりしていたという。こんな状況なので家庭内は暗かった。近所からも変わった家庭と見られていたようだ。

そのうち、社長である彼の後継者問題を考えることになった。時折、家に帰ってきていた長女に婿養子の話がもちあがり、トントンと話が進み結婚してしまったのだ。しかし、満足な躾、常識、教育を受けていない長女には、後継ぎの荷が重かったようである。当の本人は70歳で亡くなったが、その後の家業は衰退を辿っていった。

長女は不平、不満ばかり言ってあまり仕事をしない。経済的にはまったく心配のない家庭で育っているのに、自分は不幸だと勝手に思い込み、独りよがりがはなはだしい。婿養子も社長の地位でありながらマージャンや競馬などに凝り、取引銀行から預金を引き出しては賭けごとに使い果たしていた。長女、婿養子の２人は欲張りで金に執着し、先祖の墓参りも満足にしない。「よくもこんな婿を養子にしたものだ」と近所や取引先からも悪い評判が立つばかり。

当然のことながら、会社は負債を残し倒産してしまった。今では、自社ビル、家屋の跡形もない。長女、婿養子と間にできた長男（現在40歳代）は離婚し、その子供達の家族や親族は、今、どこに住んでいるのか不明である。このままでは、孫の3代目で家系は没落してしまうだろう。衰退を止め、家系を隆盛させるには、親族、姻戚の中から世のため、人のために尽くす人物を輩出することである。その功績によって、その家の七代が救われる。

この話での教訓として、

①家系は、善くも、悪くも何代も同じことを繰り返す
②色情、色欲の家系、凶悪な罪を犯した家計は、三代で消滅する
③このような因縁的な家系の先祖には、必ず同じようなことをした先祖がいる。それは自分かも知れないのだ。人間は何度も生まれ変わっているのだから
④夫婦仲が悪く、離婚でもすれば、いずれその家系の子孫は消滅していく。夫婦仲が善ければ家系は栄えていく。夫婦仲が一番の基本である。これは事実である
⑤子供を躾ける前に、まず社会人として自分が良識ある人間になること
⑥自分が常識を守り、真剣に生きていると、子供の善い鏡として必ず影響を与える
⑦人間は、同じような〝波動〟を持つ同士が引き合う。夫婦、友人も同じで、自分は違うと思っていても、根本の価値観が同様である
⑧子供の教育は、親は子の立場になって考え、言うこと。感情的になるな。世間体を気にするな

この世は、お金がすべてではない。お金は、この肉体を維持するための程度でよいのではないかと私は思う。やはり精神面で満足し、悔いのない人生を送ろうではないか。

実例からの教訓2

さて、5年ほど前の出来事である。その日に限って仕事で遅くなり、就寝したのは午前2時ごろだった。寝て5分ぐらい経つと、仰向けで寝ている顔の真上で、何やら男声がする。

「ハァ〜、休めないもんやなー」と言いながら深刻なため息をついている霊だった。

「誰？」と私は問いかけた。

そしたら、「顔を見ればわかるだろう」とやや怒ったような声。

そんなこと言われても部屋は真っ暗で何も見えない。

「なんとかならないのか、まったく……」。

どこかで聞き覚えのある声だなと思っているうちに眠ってしまった。

翌朝、よく考えてみると、自分の遠縁の姻戚にあたるあのおじさんかも知れないと思った。電話番号を調べ本人宅に連絡してみた。なんと、そのおじさんは亡くなって、ちょうど昨日で一週間目であるという。

私の昨夜の出来事を伝えると、「今、相続のことで息子の俺達が毎晩集まって話し合っているが、なかなか決着がつかない。そうか。親父に迷惑をかけているのか。仏壇の前で話し合っているからなおさらなんだろう。気をつける」と反省していた。

後で分かったことだが、私から連絡があってから相続当事者がみんな理解し、できるだけ相続持ち分は円満におさめたという。

まだ、この家の人たちは理解のある方で、私もホッとしている。しかし、私とそのおじさんは、生前一回しか会ったことがないのである。霊側から観ると、自分を理解し、伝えやすい人間が本能的に分かるのだろう。おじさんは普段おとなしい人だが、酒を呑むと性格が変わり、口が乱暴になる人であったという。

ここでの教訓は、人間が相続などで争っていると、仏さんが安らかに成仏できないということである。気をつけるべきである。

第7章

人間の本質・魂の原点

「世界人類が平和でありますように」――神、宇宙、魂、人間

宇宙の誕生は、今から145億年前後と推測され、太陽、地球、月が生まれて約47億年。最近は、宇宙の起源がわかる「フィックス粒子」なるものが発見されている。

一方、無限大の神は、宇宙以前に存在していたという。ということは、神（宇宙神）が宇宙を創りたもうた、のではないか！

では、人間の本質は何か？

人間の本質は肉体ではなく、霊であり、魂であります。

魂の本質は何か？

魂の根源は、神そのものであるという。すなわち、神は光、光は心、心は人間自身である。人間は、自分以外の人を騙したり、嘘をついたりする事はできるが、自分自身（本心、良心）には絶対にいつわる事はできない。

神は外だけではなく、人間の内にもいるといわれるゆえんは、ここなのであろう。

人間は、なぜ地球界に誕生してくるのか？

人間は、魂を進化創造し、立派にするために、霊界で自分を守っている守護神に手伝ってもらい肉体界の縁ある親を選び、この世に誕生してくるのです（霊界では守護神に守られ、人間界では守護神、守護霊に守られている）。

霊界は、霊的レベルの違いによって、整然と幾位にも階層が分れています。しかし、人間界は霊的レベルがバラバラで、善人と悪人が一緒に住まなければならない善悪混交と玉石混淆の世界です。不思議です。どうしてでしょう？

霊界は、霊的波動のスピードが早く、これ以上、霊人の修行に限界が来た時（例外あり）、波動が粗くて遅い人間界（地球界）に誕生してくるのです。なぜならば、時間、空間が長く波動の遅い地球界は、霊界より自然と楽に、苦労なく〝業〟を消しやすいところなのです。いわば人間界は、魂の成長の修業には最も適

した〝修行場〟なのでしょう。

この人間界では、霊的レベルなどはあまり気にしない方が生きやすく、業因縁が消えやすいのかもしれません。

人間界に誕生できる事自体、とてもすごい〝徳〟なのだ

霊界には、人間界に生まれたくとも生まれ変われない多くの霊たちがおります。それなのに、その中から選び得た自分の肉体を自ら絶ち、粗末にしている人間もいる。

守護霊は、自分が守っている人間が耐えられない苦難は絶対に与えないという。精進し生きていれば、必ず生きていて良かったと思う時があるのだ。だから、どんなに辛くとも絶対に自らの生命を抹殺してはならない！

人それぞれ事情があるのはよく分かる。しかし、あの世に行けば楽になると錯覚している者よ、真実の霊界は心の世界で、逆にもっと苦しくなるのだ。必ず後悔するハメになるのだ！

（日本は23年度まで年間３万人以上の自殺者が14年連続更新中だったが、昨年24年度の自殺者は２７７６６人で、15年振り３万人を切った。うち約69パーセントの１９２１６人が男性で、男性も15年ぶり２万人を割った。——警察庁発表）

苦しくても、辛くても、ただ生きているだけで、前世の〝業〟は確実に減っていくのだ。

さらに、人間界でその一生をどのように過してきたかによって、霊界の位置が決まってしまうのだ。やり直しはできない。

今、存命中の70億の人類は、この世に人間として生を得たこと自体の幸運に感謝し、この尊い命を大切にし、悔いのない人生を完《まっと》うしてまいりましょう。

いかに努力をし、魂を輝かしたかが問われる

では、人間界ではどのように過せば良いのでしょうか。

「勝てば官軍、負ければ賊軍」「結果良ければ全てよし」

これらは、この世での通念の生き方で、結果を重要視する人間社会の格言です。しかし人間の魂の進化向上に必要なのは、人間の生き方として、いかに一生懸命努力をし、〝人事を尽くした〟か、〝命を輝かした〟かのプロセスが問われ、これが〝魂の修業〟なのだ。

結果の成功、失敗は、人間界ほど重要視されない。

自分の運命は自分の想念で決定する

この世も究極的には波動の世界である。悪い波動に影響されないためには、暗い、汚い言葉や悪心、短気、弱気などのマイナス思考は慎しまなければならない。

前向きに将来の夢、希望を持続する信念強さと、天を信じる楽天さ、明るく捉われのな

い清純さに心掛けると共に、常にプラス思考、ポジティブ思考で（感謝の想いも忘れず）善き波動にのっていけば、自然と善因縁を呼び込み、善き人生へと導かれていくでしょう。
人間の想念は、良くも悪くもすごい威力を発揮し、自分の運命を決定してしまうのだ。

すべては自分自身の想い、行動の結果、日常、何気なく発する言葉、考え巡らす想念、思考、ふだんの行動が、自然と自分の生き方に大きく影響を及ぼし、苦しい一生、悲しい一生、波乱万丈な一生、生き甲斐のある人生、満足な人生、至福の人生など、自分の生涯がどういう結果になろうが、すべて自分自身が創り上げてきたものである。

このように真理の法則を知れば、自ずと常日頃の想い、言動の大切さが理解できるはずです。

無知な人間が地球を汚染している

ある大国の宇宙飛行士達が「宇宙から見た地球は、どこにも国境が見当たらず、戦争、紛争を起こす事はバカげている」と、共通して述べている。

今、世界で国同士が、人間同士が主義主張の違い、宗教の違い、民族の争い、領土の争い、利権の争いから、テロ、紛争、戦争で憎しみ、殺し合いを起こしているが、なんと愚かで幼い事だろうか。

地震、津波、そして天変地異の災禍などは天災とされているが、真実は、地球上に住む人類が発し、蓄積された膨大な〝業想念〟が基因で大地の地殻変動を起こしている、まさに人災なのだ。台風も地球の温暖化の起因により発生しているものなのだ。

人間が地球を汚し、壊しているのだ。大いに反省しなければならない。地球を滅亡させるのも、地球を繁栄させ美しくするのも、我々人類の生き方次第なのである。

スランプに陥ったら原点に戻ろう

現状の地球界は、人間の発した〝業因縁〟が深く、少々の努力では思うようにいかないのがこの世の常である。それを感じたら、改めて自然界の条理を振り返ってみよう。

人は皆、日常的には意識しないけれども、自分の思考、想念通りの人生を自ずと創りあげているのだ。それならば、どうせ生きるのなら意識的に目標、夢を大きく掲げ〝目的〟に向かって強く念じ、信じて明るく、前向きに神経図太く生きてみよう。必ず人生上向きになっていくだろう。

魂の進化向上には絶大な功徳になる平和の祈り

地球人類が仲良くするには、地球を平和にするには、目覚めた者からでもいい、明解で誰にでもすぐできる、人間最大、最良の善き願いである「世界人類が平和でありますように」（五井昌久氏提唱）と祈ってみよう。

世界人類が平和でありますように
世界人類が平和でありますように
世界人類が平和でありますように

人間にとって〝生存必須の呼吸も祈り〟とされ、純粋に人類の幸せを願う祈りは、世に施しをしていると同時に、自分自身の本心開発と霊性を高める事になるすばらしい祈りなのである。

祈れば祈るほど、その効果は必ず徐々に現れてくるでしょう。祈る人が増えてくれば、世界人類が仲良く暮らす時代も遠からず必ず来るだろう。

人間の本体である〝魂と霊体〟に必要な栄養源は、〝宇宙の生命エネルギー〟と、世のため、人のために尽くす〝奉仕精神〟と、人を愛する〝愛〟である。

〝真実の愛は大奇跡を起こす〟〝魂の輝きの素〟は、〝人間本質〟目覚めの宣言「我即神也」(西園寺昌美氏提唱)と、「世界人類が平和でありますように」の善念を地道に祈り続けることによって、人類の平和に貢献し、個人の心の平安も得られ、生きる信念と勇気が湧いてくるのである(人間的に楽しく生甲斐のある人生を送りたい方は、「悔いなく前向きに人生を送ろう」を参照)。

「信じる者は救われる」のである。

第8章

開運吉方位旅行

開運吉方位旅行とは

本書の「鑑定事例」などに、たびたび登場する「開運吉方位旅行」だが、ここで、多少詳しく解説してみたい。

本命星と願望に合致した相性の良い星が回座する方位に旅行をして、自分の運気を強運上昇させ、願望を達成させる事を「開運吉方位旅行」という。

これは、「気学」という占いの術で、昔から「祐気取り」とか「お水取り」などと言われているものである。

自分の星と相性の良い方位に旅行をして、大気の自然の生気を浴びて来る事によって、願いが叶うとはなんと有難い事か！　自然に感謝！

星は、その人の生まれ年によって、一白水星《いっぱくすいせい》、二黒土星《じこくどせい》、三碧木星《さんぺきもくせい》、四緑木星《しろくもくせい》、五黄土《ごおうど》星《せい》、六白金星《ろっぱくきんせい》、七赤金星《しちせききんせい》、八白土星《はっぱくどせい》、九紫火星《きゅうしかせい》の9つの星（九星）がある。これを「本命星」という。

実践例については、「よもやま鑑定事例」の5、6、7、17を参照してください。

自分の星（本命星）を知ろう

まずは、次の表を参考に、自分の生まれ年から自分の星を知ることである。注意すべきは、2月4日からその年が始まり、翌年の2月3日の節分までを1年とするので、1月1日～2月3日までの誕生日の人は前年生まれとなる。

一白水星	昭2	昭11	昭20	昭29	昭38	昭47	昭56	平2	平11	平20	平29
二黒土星	昭和1	昭10	昭19	昭28	昭37	昭46	昭55	平成1	平10	平19	平28
三碧木星	大14	昭9	昭18	昭27	昭36	昭45	昭54	昭63	平9	平18	平27
四緑木星	大13	昭8	昭17	昭26	昭35	昭44	昭53	昭62	平8	平17	平26
五黄土星	大12	昭7	昭16	昭25	昭34	昭43	昭52	昭61	平7	平16	平25
六白金星	大11	昭6	昭15	昭24	昭33	昭42	昭51	昭60	平6	平15	平24
七赤金星	大10	昭5	昭14	昭23	昭32	昭41	昭50	昭59	平5	平14	平23
八白土星	大9	昭4	昭13	昭22	昭31	昭40	昭49	昭58	平4	平13	平22
九紫火星	大正8	昭3	昭12	昭21	昭30	昭39	昭48	昭57	平3	平12	平21

九星と方位

古代、中国の地の洛水から神亀が現れ、その甲羅に描かれていた数と模様を写し取ったものが「洛書《らくしょ》」と呼ばれ、後の「気学」の基本となった。

一白水星は北、二黒土星は南西、三碧木星は東、四緑木星は東南、五黄土星は中央、六白金星は北西、七赤金星は西、八白土星は北東、九紫火星は南という定位置を持ち、これが、年、月、日によってその位置を移動するのである。

例えば平成26年は、四緑木星が中央に位置し、五黄土星が北西に、六白金星が西に、七赤金星が北東に、八白土星が南に、九紫火星が北に、一白水星が南西に、二黒土星が東に、三碧木星が東南に位置することになる。

「開運吉方位旅行」とは、自分の星と相性の良い星が回っている方位（自宅から見て）に、旅行に行き、良い「気」をもらい、開運させることである。

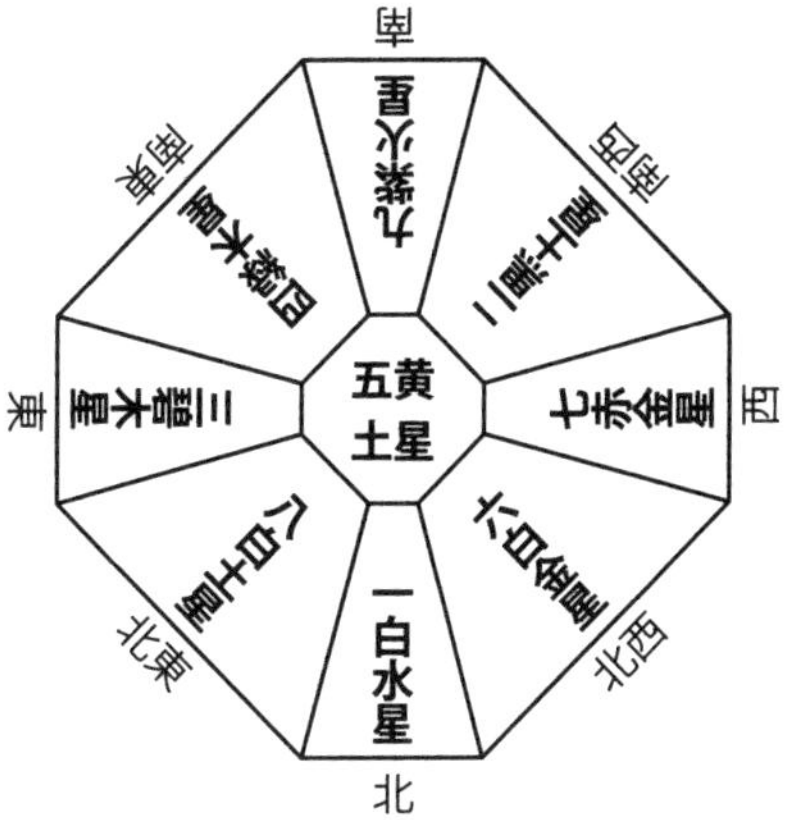

「落書」から生まれた九星盤（後天定位盤）

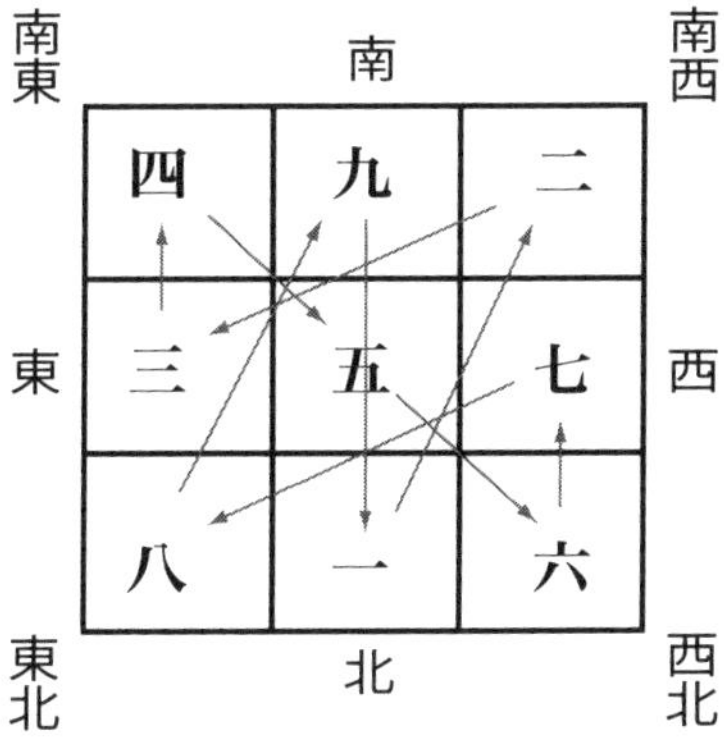

「九星」の移動の仕方

平成25年巳年

巳

四	九	二
三	五	七
八	一	六×

歳破

平成26年午年

午

暗剣殺

×三	八	一
二	四	六
七	九×	五×

歳破

平成27年未年

未

暗剣殺

二	七	九
×一	三	五×
×六	八	四

歳破

平成28年申年

暗剣殺　申

一	六	八×
九	二	四
×五	七	三

歳破

平成29年酉年

歳破　酉

九	×五	七
×八	一	三
四	六×	二

暗剣殺

平成30年戌年

暗剣殺

歳破　戌

×八	×四	六
七	九	二
三	五×	一

平成31年亥年

歳破

暗剣殺　亥

×七	三	五×
六	八	一
×二	四	九

平成32年子年

歳破

暗剣殺　子

六	×二	四
×五	七	九×
一	三	八

平成33年丑年

歳破

×五	一	三×
四	六	八
九	二	七×

丑　暗剣殺

平成34年寅年

歳破　寅

四	九	二×
三	五	七
八	一	六

行ってはいけない方位は次の通りである。

①五黄殺（五黄土星がいる方位）
②暗剣殺（五黄土星がいる正反対側の方位）
③歳破（その年の干支がいる正反対側の方位）
④本命殺（自分の星の方位）
⑤本命的殺（自分の星がいる正反対側の方位）
＊これに月盤の方位や日盤をあわせてみる

九星本命星の各吉方位

一白水星の人＝三碧木星方位、四緑木星方位、六白金星方位、七赤金星方位
二黒土星の人＝六白金星方位、七赤金星方位、八白土星方位、九紫火星方位
三碧木星の人＝一白水星方位、四緑木星方位、九紫火星方位
四緑木星の人＝一白水星方位、三碧木星方位、九紫火星方位
五黄土星の人＝二黒土星方位、六白金星方位、七赤金星方位、八白土星方位、九紫火星方位
六白金星の人＝一白水星方位、二黒土星方位、七赤金星方位、八白土星方位
七赤金星の人＝一白水星方位、二黒土星方位、六白金星方位、八白土星方位
八白土星の人＝二黒土星方位、六白金星方位、七赤金星方位、九紫火星方位
九紫火星の人＝二黒土星方位、三碧木星方位、四緑木星方位、八白土星方位

自分の本命星に相性の良い星が回座している年盤、月盤を中心に見て、さらに旅行出発日を吉方日盤にするとなお効果的である。

なお、五黄殺、暗剣殺、本命殺、歳破殺の方位に旅行してはならない。

主項目の祐気（吉方位）利用法

恋愛には＝七赤金星方位、一白水星方位

結婚には＝七赤金星方位（恋愛）、四緑木星方位（見合い）

仕事には＝二黒土星方位

事業には＝六白金星方位、四緑木星方位

金運には＝七赤金星方位、六白金星方位

性格を変えるには＝八白土星方位

夫婦トラブル解消には＝二黒土星方位、一白水星方位

長男を社会に役立てたい場合には＝三碧木星方位

長女を社会に役立てたい場合には＝四緑木星方位

老後の安定を願うには＝七赤金星方位

政治向きの仕事をしたい場合には＝四緑木星方位、六白金星方位

大衆相手の仕事したい場合には＝二黒土星方位

不動産問題の解消には＝八白土星方位、六白金星方位、二黒土星方位

離婚を成立させるには＝九紫火星方位
裁判、訴訟に勝ちたい時には＝九紫火星方位
妊娠に効果があるのは＝六白金星方位、一白水星方位
新規事業の開始には＝三碧木星方位
相続問題の解決には＝八白土星方位
怠け者を働くようにするためには＝二黒土星方位
ギャンブルに強くなるには＝六白金星方位
会社を創立には＝三碧木星方位、八白土星方位、六白金星方位
受験必勝には＝受験日の年、月盤に回座している本人の本命星、月命星（生まれ月の九星）に傷（五黄、暗剣、歳破）がなければ実力発揮できる
　小学校受験＝月命星を主に見る
　中学校受験＝月命星を主に見る
　高校受験＝本命星、月命星を主に見る
　大学受験＝本命星を主として見る
＊この吉方位旅行は目標願望が１００パーセント達成するわけではない。体調不良だっ

たり、旅行滞在が少なかったりして、思うように効果が出ないなど、個人差が現われる。根気、辛抱強く行うことが一番の基本である。

健康回復の方位術（疾病別）

一白水星の吉方位を取ると……よい睡眠がとれる。白血球が増え、血行がよくなる。

　貧血、膵臓、腎臓、婦人病、肛門、尿道。

二黒土星の吉方位を取ると……熱を下げ、血圧が高くなることを止める。精神的疲労の人には脳を休ませる働きがある。胃腸病、皮膚病。

三碧木星方位を取ると……肝臓が強くなり、二日酔いにも効く。

　神経痛、脚気、咽喉、舌、声帯。

四緑木星方位を取ると……風邪、呼吸器、腸に弱い人に効く。胃腸も丈夫になる。

　神経、食道、動脈。

五黄土星方位＝使えない。

六白金星方位を取ると……六白には〝身体の充実〟の意がある。

頭痛、目眩、心臓、左肺、血圧、顔。

七赤金星方位を取ると……歯痛、口内炎、右肺、女の乳、血圧。

八白土星方位を取ると……病気が変化して快方に向かう。

リウマチ、関節炎、盲腸、脊髄、耳、鼻。

九紫火星方位を取ると……今まで隠れていた病気が出て、回復し、健康体になる。

脳病、眼病、心臓病、視力。

また九紫は、隠れているものを顕現する意があり、浮気がバレたりすることもある（実例あり）。

吉方位旅行項目（人気度はラッキーパームでの順位）

自由旅行の吉方位＝3番人気。自分の気儘な旅
恋愛できる吉方位＝2番人気。若い女性に大人気

結婚できる吉方位＝1番人気。再婚　再々婚もあり
離婚したい吉方位＝5番人気。中高年が多い
健康になる吉方位＝2番人気。人間健康が一番大事
仕事、勤め人、職業吉方位＝2番人気。適性仕事がない
自営業、会社設立吉方位＝3番人気。経営が厳しい
引越し、転居、移転吉方位＝3番人気。年間通じて多い
妊娠、子宝に効果がある吉方位＝4番人気。子供がほしい
怠け者を働かせる吉方位＝本人の自覚も必要
子供を社会の役立てる吉方位＝親も目覚めつつある
老後の安定を得る吉方位＝5番人気。人生晩年が大事
金運、ギャンブルに強くなる吉方位＝意外と共通点ある
政治家、官僚になる吉方位＝子供にも嫌われ、まったく不人気
　他　不動産　相続問題解決吉方位等もある。
一つの吉方位旅行をする事によって、多種の吉兆効果も期待できる。

＊参考文献・『九星気学占いを始める人のために』遠藤尚里（池田書店）

著者紹介
遠藤晃正（えんどう あきまさ）
日本大学法学部卒。警視庁警察官を拝命。その後、書店を経営。現在は「ラッキーパーム」で占い鑑定業を営み、どんな鑑定、どんなご相談にも応じている。信条として「人間に生まれたならば、できるだけ悔いなく生き、死後の永遠の世界である〝霊界〟〝神界〟で魂を輝かせ続けてほしい」と願ってやまない。
ラッキーパーム
URL http://www2.tbb.t-com.ne.jp/lucky/　TEL 046-876-7755

開運道《かいうんみち》しるべ

2013年11月22日　初版第1刷発行
著　者　遠藤晃正
発行者　加藤恭三
発行所　知道出版
〒101-0051 東京都千代田区神田神保町1-40 豊明ビル2F
TEL 03-5282-3185 FAX 03-5282-3186
http://www.chido.co.jp
印　刷　モリモト印刷

ISBN978-4-88664-255-4